주제별 독서치료 시리즈 1 – 애도

애도를 위한 독서치료

임성관 지음

▪ 임성관

대학교에서는 문헌정보학과 미디어영상을, 대학원 석사과정에서는 사서교육전공과 상담심리 전공을, 대학원 박사과정에서는 문헌정보학을 공부했으며, 성균관대학교 생활과학연구소에서 국내 최초로 운영되었던 독서치료전문가 과정을 1기로 수료했습니다. 더불어 숙명여자대학교 아동교육전문가 과정도 1기로 수료한 후 2004년 2월에 휴독서치료연구소를 설립해 17년 동안 소장으로 일했으며, 현재는 경기대학교 교육대학원 사서교육전공 조교수로 근무 중입니다.

또한 휴독서치료연구소 고문, 한국독서교육연구학회 회장, 한국도서관협회 독서문화위원회 위원, 천안시공공도서관 및 작은도서관 운영위원회 위원, 국립어린이청소년도서관 도서관이야기 편집위원, 국방부 진중문고 분야별 외부 추천 전문가, 경기도교육청 사람 책, 법무부 소년보호위원, 문화체육관광부 및 한국예술인복지재단 인증 문학인으로도 활동하고 있습니다.

그동안 출간한 책은 총 42권으로, 그 중 독서치료 관련 도서로는 『독서치료의 모든 것』, 『독서치료 수퍼비전의 실제』, 『독서치료에서의 문학작품 활용』, 『노인을 위한 독서치료 1-2』, 『성인을 위한 독서치료 1-2』, 『청소년을 위한 독서치료 1-2』, 『어린이를 위한 독서치료 1-2』, 『책과 함께하는 마음 놀이터 1-4』 등이 있고, 독서지도 관련 도서로는 『(노인을 위한 1년 독서 실천 전략) 독서사도』, 『책 좋아하는 아이 만들기』 등이, 독서상담 관련 도서로는 『(자녀의 독서를 고민하는) 엄마들의 책』이 있습니다. 또한 독서클리닉 관련 도서로는 『독서로 풀어가는 난독증 1-2』, 독서코칭 관련 도서로는 『초등 학습능력 올리는 독서코칭』이, 이어서 독서 활용 분야들을 아우른 『독서 : 교육·지도·상담·코칭·클리닉·치료』가 있습니다. 마지막으로 아동 및 청소년들을 위한 도서로는 『나를 표현하는 열두 가지 감정』, 『동시 : 함께하는 시간』, 『상상 도서관』, 『SWAG』, 『카운트다운』, 『오, 신이시여!』, 『미디어의 쓸모』, 『중학교 2학년』, 『강아지 똥은 왜 자아존중감이 낮았을까?』가 있습니다.

애도를 위한
독서치료

임성관 지음

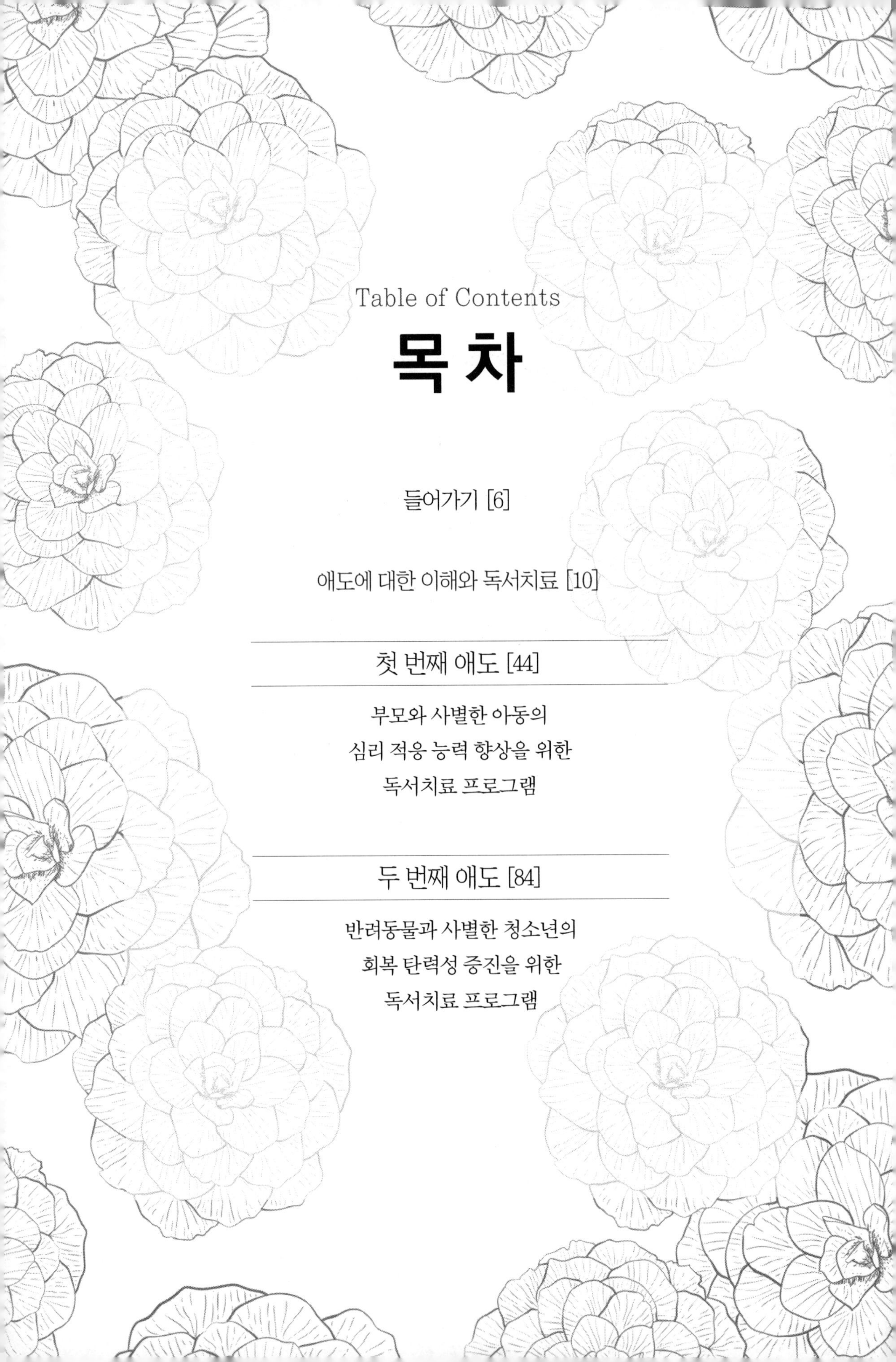

Table of Contents

목 차

들어가기

이 세상에 태어나 사는 사람들이 자신의 생에서 유일하게 확신할 수 있는 것은 언젠가 죽는다는 점이다. 결국 사람이 죽을 수밖에 없는 존재라는 점에서는 슬픔을, 더불어 언제 어떻게 죽음을 맞이할지 모르는 채 살아간다는 점에서는 두려움도 느낄 수 있지만, 그 어떤 것도 확신할 수 없을 만큼 복잡하고 혼미한 사회에서 아등바등 살아가는 사람들에게 죽음은 비로소 편하게 쉴 수 있는 유일한 길일지도 모른다. 그래서 죽음을 축복이라 여기는 사람들도 있다. 물론 실제로 천국, 연옥, 지옥으로 대별되는 사후 세계가 더 있는지, 이승에 살면서 쌓은 공덕에 따라 다시 환생을 하는 것인지는 모르겠지만.

어쨌든 나는 한 사람이 이 세상에 태어났다는 것, 그 뒤 죽을 때까지 자신만의 삶을 살아냈다는 것 자체만으로도 이미 위대하다고 생각한다. 따라서 모든 죽음의 과정이 편안했으면 좋겠고, 떠나보내는 과정이 존엄하기를 바라며, 남은 이들에게도 큰 슬픔이 아니기를 바란다.

그러나 한 사람의 역사가 끝나는 일이 어찌 슬프지 않을 수 있을까. 직접 경험해 본 적은 없지만 죽음의 과정은 당사자에게도 매우 외롭고 슬픈 일일 것이다. 또한 떠나보낸 뒤 남겨질 사람들에게도 외로움과 슬픔을 동시에 느끼게 만드는 일임에 분명하다. 하나의 세계가 사라지는 상황이니 당연하게 느낄 수밖에 없는 감정들이다.

1982년에 독일에서 출간된 이후 전 세계 독자들에게 꾸준히 사랑받고 있는 책『애도 / 베레나 카스트 지음, 채기화 옮김 / 궁리』에 이런 내용이 담겨 있다.

"사랑하는 사람이 죽으면 우리는 그의 죽음에서 우리 자신의 죽음을
미리 맛볼 뿐만 아니라, 어떤 방식으로든 그와 함께 죽는다."

내가 사랑하기 때문에 평생 함께 살아주기를 바랐던 사람들, 특히 가족, 그들의 죽음은 남겨진 이들에게 가장 큰 스트레스 요인이 된다고 한다. 이는 곧 심리·정서적 측면에서 중심을 잡아 주던 한 축이 사라지면서 긴장감이 그만큼 높아졌다는 의미일 것이다.

인명(人命)은 재천(在天)이라고 해서 각 개인의 의지로 어떻게 할 수 없는 면이 있다고들 한다. 그런데 현대 사회에는 사건 사고들이 많아서 급작스레 사랑하는 사람을 떠내 보내는 경우도 더 증가한 것만 같다. 이 또한 하늘의 섭리라고 한다면 그 메커니즘을 전혀 알 수 없기에 딱히 반박할 수도 없겠으나, 황망하여 애도를 충분히 하지 못한 채 장례의식만 뒤쫓은 사람들에게 남겨진 상처와 고통은 누가 어떻게 보듬어 주어야 할 것인가 하는 생각이 들었다.

'애도'는 사람의 죽음을 슬퍼하고 안타까워 한다는 의미를 갖고 있다. 그런데 최근에는 반려 동물들도 가족과 똑같이 생각하는 사람들이 늘면서 범위를 넓혀 적용하고 있다. 따라서 다시 정의를 해보자면 '죽음을 슬퍼하고 안타까워하는 마음'이라고 할 수 있는데, 그 과정이나 방법이 개개인마다 다를 수 있다. 다만 필요한 만큼 충분히, 자신이 원하는 방법으로 애도 과정을 거쳐서 마음에 상처가 남지 않게 해야 한다는 것은 모두에게 바랄 수 있는 덕목이다. 그러나 이 또한 모든 사람들에게 해당되는 이야기는 아니다.

그래서 필자는 독서치료전문가로서 문학작품을 바탕으로 애도가 필요한 사람들을 도울 수 있는 방안을 다음과 같이 모색해 보았다.

우선 첫 번째 장에서는 '애도에 대한 이해와 독서치료'라는 주제를 바탕으로, 애도에

대한 개념을 정립하고 독서치료와의 관련성에 대해 정리했다. 이어서 두 번째 장에는 애도가 필요한 사람들에게 바로 적용할 수 있는 독서치료 프로그램 네 개를 개발해 제시했다. 그 가운데 첫 번째 프로그램은 부모와 사별한 아동을 대상으로 '심리 적응 능력 향상'을 돕는데 목표를 두었고, 두 번째는 반려동물과 사별한 청소년을 대상으로 '회복 탄력성'을 높여 주는데 목표를 두었다. 이어서 세 번째는 자녀와 사별한 부모들의 '심리 회복'에 초점을 두었고, 마지막 네 번째는 배우자와 사별한 노인을 대상으로 '현실 적응력'을 높여드리고자 하였다.

설명을 한 바와 같이 프로그램에 참여할 수 있는 대상을 다양하게 구분 지었는데, 사실 그 프로그램들이 특정 대상만을 위한 것은 아니다. 즉 반려동물과 사별하는 사람이 청소년만은 아니기 때문에, 해당 프로그램에서 선정된 문학작품이나 활동을 약간씩 수정한다면 아동이나 성인 혹은 노인을 대상으로 확장할 수도 있다는 것이다. 더불어 각 프로그램들은 참여 대상과 종합목표가 다르지만, 결국 사별에 대한 애도를 한다는 측면에서의 공통점이 있다. 따라서 세부목표를 공통적으로 적용하면서 문학작품 및 활동 선정에서의 차이를 두었다는 특징이 있다. 그리고 문학작품은 그림책을 위주로 선정했는데, 가능한 최근에 출간된 것을 우선순위에 두었으나 작품이 갖고 있는 치료적 가치를 고려해 오래된 것들도 포함을 시켰음을 밝힌다.

『사과나무 위의 죽음(카트린 셰러 글·그림, 박선주 옮김 / 푸른날개)』이라는 그림책의 서문에는 완화치료박사인 지아노 브라치오가 했던 말이 다음과 같이 담겨 있다.

"사람들은 언제나 확실한 것을 찾아요.
그런데 우리 삶에서 유일하게 확실한 것은
우리 모두 언젠가는 죽는다는 사실이지요.
그렇다면 이 확실한 것에서부터
삶을 돌아보는 게 도움이 되지 않을까요?"

나 역시 이 글을 시작하면서 사람들이 자신의 미래 중 유일하게 확신할 수 있는 것은 죽음밖에 없다고 적었다. 다만 그것이 언제, 어떤 식으로 찾아올지 모르기 때문에, 죽어서 이 세상의 모든 것들과 작별하는 그 날까지 항상 삶을 돌아보면서 후회로 남을 일을 하지 않는 지혜로움과 용기를 갖추어 나가야겠다.

중년이 되면서 상가(喪家)에 갈 일이 늘었다. 이 또한 삶의 과정이고, 그럴 때마다 죽음에 대해 다시 한 번 생각을 해보게 되니 감사한 순간들이지만, 손님들께 인사를 하느라 충분한 애도를 못하는 상주(喪主)들을 보게 된다. 물론 시간을 내서 먼 길 찾아간 사람들로부터 위로를 받겠지만, 혹 애도의 측면에서 부족함이 있었다면 이 책에 소개한 독서치료 프로그램과 문학작품들이 도움 되기를 바라는 마음이다.

2021년 3월

이 순간을 또 떠나보내며

| 애도에 대한 이해와 독서치료 |

1. 애도의 개념

무성 영화 시대의 감독이자 배우였던 '찰리 채플린(Charlie Chaplin)'은 삶을 멀리서 보면 희극, 가까이서 보면 비극이라고 표현했다. 그가 가까이서 본 삶을 비극이라고 표현한 이유는 알 수 없고 전 세계 모든 사람이 그렇게 느끼지도 않겠지만, 적어도 대부분의 사람들은 자신의 전 생애에 있어 최소 한 번 이상의 불행한 일(혹은 슬픈 일 등)을 겪었다고 생각할 것이다. 왜냐하면 우리는 매일 시간과 젊음, 그밖에도 관계하고 있는 중요한 것들을 잃어버리고 있기 때문이다.

심리학 분야에서 초기의 많은 학자들은 애도를 인지하고 다루어 보려고 했다. 잘 개발된 방법론과 어휘 정확성의 부족을 손질하려고 한 그들은, 예리한 관찰자들이었고 통찰력 있는 사람들이었다. 그러나 동시대의 학문적 심리학은 애도의 인간적 반응을 거의 전적으로 무시했다. 물론 개인 적응 분야에 몇 가지 문헌이 있으나 보편성과 경험의 영향을 생각해 볼 때는 그 서술이 너무 간략하다.[1)]

애도에 대한 심리학적 제시는 1872년 찰스 다윈(Charles Darwin)이 우는 것과 정신적 고통을 기술하면서, 고통의 방식인 공포감을 제시하는 것으로 거슬러 올라간다.[2)]

---

1) Switzer, David. K. 지음, 최혜란 옮김. 2011. 『모든 상실에 대한 치유, 애도』. 서울: 학지사. p. 37.

2) Darwin, Charles. 1899. 『The Expression of the Emotions in Man and Animals』. New York: Appleton. p. 146.

윌리엄 맥두걸(William McDougall)은 미국의 저명한 초기 심리학자 중 한 사람이다. 그는 고심 끝에 애도란 부드러운 감정과 부정적인 자기 기분으로 구성된 내적 조건이며, 독특한 주관적인 경험을 형성하므로 새로운 이름을 붙이도록 했다. 비록 감정적인 조건이지만 뚜렷하게 분리된 감정은 아니고, 특정한 사건에 의해 암시된 다른 감정들의 이러한 조합을 지시하기 위해 사용한 편리한 용어다. 그는 한 사람의 정서적 복잡성을 훌륭하게 통찰하여 자신의 상실이라는 개념의 성분에 대해 숙고한다. 사랑하는 사람의 죽음으로 인한 상실이 있을 경우, 그런 조건에서는 어떤 부정적인 자기 기분을 피하기 어려운데, 그 이유는 더 큰 자기 자신의 한 부분이 찢겨져 나갔고, 자신이 하지 못한 어떤 노력이 이런 고통스러운 부정적 자기 기분의 강도를 매우 증가시키려는 경향이 있기 때문이다.[3]

데이비드 폴커머(David Fulcomer)는 사별 반응에 대하여 행한 연구를 통해 각 단계에서 나타나는 몇 가지 범주와 함께 사별 과정에서의 네 가지 기본적 단계가 나타났음을 밝혔다. 죽음 이후 즉각적 반응으로는 극기, 멍한 상태, 붕괴 및 눈물 반응이 얼마 동안 나타난다. 다음은 묵종, 흥분, 반항, 초연 및 실망 단계인데, 이 반응은 장례식이 끝날 때까지 나타난다. 변경, 강화 및 주의력 회복의 범주는 장례식부터 활동적 일상으로 재 진입하기까지의 전이 단계에서 나타나는 행동이다. 마지막 단계는 분출, 참여, 동일화, 기억(환상 및 억압) 은둔으로 범주화되는 행동의 재유형화 단계이다.[4]

전반적인 정신치료 분야, 그 안에서도 특히 정신분석학은 시시때때로 애도와 애도의 역동을 논의한다. 비록 대부분 정신분석학이 비정상적인 표현 혹은 애도의 비정상적인 상태와의 관계를 다루지만, 이 분야의 많은 통찰은 유효한 가치가 있다. 이러한 연구자들은 자신들이 논리적으로 어떻게 애도와 불안을 연결시키느냐에 따라 범주화

---

3) McDougall, William. 1931. 『An Introduction to Social Psychology』. London: Methuen. pp. 130-131.

4) Fulcomer, David Martin. 1942. 『The Adjustive Behavior of Some Recently Bereaved Spouses: A Psycho-Sociological Study』. Ph. D. diss. Northwestern University. pp. 75-159.

된 것으로 보인다. 두 가지 감정적 반응 사이의 어떤 상호작용을 이해했으나 뚜렷하게 그것을 구분한 사람들이 있고, 두 가지를 동일시하는 사람들이 있고, 또한 불안을 직접 연관시키지 않고 애도의 이해에 기여한 사람들이 있다.[5]

애도에 대한 심리분석의 모든 논의는 지그문트 프로이트(Sigmund Freud)와 함께 시작한다. 그에게 애도는 바로 사랑하는 사람의 상실 혹은 어떤 것을 대체하는데 필요로 하는 어떤 추상적 개념 상실에 대한 적당한 반응이다.[6]

『정신분석용어사전』에 의하면 애도는 '의미 있는 애정 대상을 상실한 후에 따라오는 마음의 평정을 회복하는 정신 과정'을 뜻한다. 여기서 의미 있는 애정 대상이란 사랑하는 사람의 죽음뿐만 아니라 모든 의미 있는 상실에 대한 정상적인 반응 또한 포함된다. 애정 대상을 잃은 사람은 외부 일에 관심을 끊거나 상실한 대상과의 추억에 몰두하기 때문에 새로운 대상에 투자할 정서적인 여유를 잃는 경우가 많다. 따라서 대상의 상실은 자아 상실로 변하기 쉬운데, 애도 과정을 거침으로써 이러한 자아 상실을 치유하고 정신적 안정을 회복할 수 있다.[7]

잭 스피로(Jack Spiro)는 정신분석적 개념으로 애도의 반응을 설명하고자 시도하였다. 성(性)과 공격성, 이 두 가지 본능은 모두 심리적 갈등을 유발하며, 사랑하는 사람의 죽음으로 인한 애도 반응을 두 가지로 나타낸다. 성적 본능의 에너지는 유아의 자기도취적 시기에서 내부로 먼저 향하는 것으로, 사랑하는 대상을 향해 보통 외부로 다시 향하는데, 그것이 최초에는 엄마이며 나중에는 타인이다. 이러한 이드(Id)의 본능적 에너지는 끊임없이 표출되려 하며, 시기와 표현 방식을 지정하는 것은 자아의

---

5) Darwin, Charles. 1899. 『The Expression of the Emotions in Man and Animals』. New York: Appleton. p. 146.

6) Freud, Sigmund. 1961. 『Standard Edition of the Complete Psychological Works? V』. New York: Macmillan. p. 243.

7) 미국정신분석학회 지음, 이재훈 외 옮김. 2002. 『정신분석용어사전』. 서울: 한국심리치료연구소. pp. 269-271.

기능이다. 정상적 상황에서 자아는 외부 현실의 요구에 따라 이드를 만족시키면서도 그 기능을 수행할 수 있다. 그러나 사별로 인해 사랑하는 대상을 향했던 이드의 리비도(Libido) 에너지는 갑작스러운 죽음에 의해 차단된다. 그러나 거대한 이 에너지양은 더 존재하지 않는 대상에게조차 계속적으로 만족을 추구한다. 사랑하는 대상의 죽음은 자아가 이드를 통제하면서 유지해 왔던 균형을 파괴한다. 그러면 자아는 리비도 에너지가 분출하려는 것을 다루기가 불가능하다기보다 어렵고 고통스럽다는 것을 알게 된다.[8]

Parkes[9]는 비정상적인 애도의 상태를 만성적인 애도, 억제된 애도, 지연된 애도의 세 가지 유형으로 설명하였는데, 만성적인 애도란 상실의 고통이 비정상적으로 연장·강화된 형태이며, 억제된 애도란 슬픔이 지속적으로 억제되는 것을 말한다. 마지막으로 지연된 애도는 전형적이거나 만성적인 반응의 혼합된 형태로서 몇 주에서 몇 년의 일정한 기간이 지난 이후 슬픔이 발생하는 것이라고 한다.

전상주[10]는 애도를 자신에게 친밀한 사람이나 사물의 상실로 인해 느끼게 되는 슬픔의 감정으로, 고통의 극복과 밀접하게 연관되는 애도행위는 슬픔으로부터의 해방과 생의 활기 회복에 필수적인 과정이라고 했다. 또한 일반적으로 애도를 통해 삶의 위기를 초래하는 사건들의 충격을 완화하고 변화시킬 수 있고, 애도를 하는 개인이 외적으로 평온해 보이거나, 아니면 절망적인 몸부림을 보이거나 간에 그의 내면에서는 은밀한 진전이 이루어지고 있다고 했다.

하정미[11]는 애도를 죽은 자를 위한 것일 뿐 아니라 살아 있는 '나'를 위한 일이며, '죽은

---

8) Spiro, Jack. 1961. 『A Time to Mourn: The Dynamics of Grief and Mourning in Judaism』. Ph. D. diss. Hebrew Union College. p. 37.

9) Parkes, C. M. 지음, 임승희 외 옮김. 2011. 『호스피스 상담』. 서울: 시그마프레스.

10) 전상주. 2010. 『애도의 시 쓰기』. 계명대학교 대학원 문예창작학과 석사학위논문. p. 3.

11) 하정미. 2016. 30년 늦은 애도. 『정신보건과 사회사업』, 44(3): 5-33.

자에 대해 충실을 다하는 것이 내가 정의롭게 살아남는 유일한 방법'이라고 하였다.

채기화[12]는 애도를 한 사람의 건강을 위한 매우 중요한 정신 과정으로서, 죽은 사람이 더 이상 존재하지 않는다는 사실을 받아들이고 이러한 새로운 상황과 화해하는 작업이라고 하였으며, 애도가 적절하게 이루어질 경우 자신의 정체성을 새롭게 재편함으로써 자기실현에 이를 수 있다고 하였다.

이 외에도 애도를 정의한 국내외 학자들은 많다. 그러나 골라 쓴 표현만 다를 뿐 같은 맥락이다. 다만 여전히 사별과 애도의 개념이 명확히 구분되지 않는 분들을 위해 마지막으로 Switzer(2011)[13]가 정리한 내용만 옮기고자 한다.

"사별은 박탈감 혹은 상실의 실제적인 상태이며, 애도는 박탈에 대한('정서적'이라는 단어의 사용이 항상 그렇듯이 특정한 심리적인 동반을 포함하는) 정서적 고통의 반응이다."

안데르센상을 받은 그림책 『살아 있는 모든 것은』[14]에는 이런 내용이 포함되어 있다.

"살아 있는 모든 것에는 시작이 있고 끝이 있단다. 그 사이에만 사는 거지. [중략] 수명이 아무리 길어도, 수명이 아무리 짧아도, 시작이 있고 끝이 있는 것은 모두 마찬가지란다. 그 사이에만 사는 거지. 이 세상 모든 것이 다 그렇지. 풀도, 사람도, 새도, 물고기도, 나무도, 토끼도, 아주 작은 벌레까지도. 이 세상 어디에서나!"

생명이 있는 존재에게 죽음이란 가장 보편적이면서도 일반적인 사건이다. 따라서 풀도, 사람도, 새도, 물고기도, 나무도, 토끼도, 아주 작은 벌레까지도 시작이 있었기에

---

12) 채기화. 2016. 중도장애인의 사별 경험과 애도에 대한 지원. 『지체·중복·건강장애연구』, 59(3): 227-250.

13) Switzer, David. K. 지음, 최혜란 옮김. 2011. 『모든 상실에 대한 치유, 애도』. 서울: 학지사. p.18.

14) 브라이언 멜로니 글, 로버트 잉펜 그림, 이명희 옮김. 2008. 『살아 있는 모든 것은』. 서울: 마루벌.

끝도 맞이한다. 이 세상 어디에서나 그것도 매순간마다. 이처럼 모든 죽음은 삶의 부재를 전제로 한다. 또한 그렇기 때문에 생명이 있는 존재는 타자의 죽음을 경험하면서, 그것이 언젠가는 자신에게도 찾아올 것이라는 것을 예견하면서 살아있는 동안의 의미를 찾고자 한다.

그러나 삶이 언제까지 지속될 것인지 모르는 것처럼 죽음 또한 앎의 차원을 넘어서 있다. 따라서 삶과 죽음의 본질에 대해서 아는 사람은 없다. 때문에 대부분의 사람들에게 있어 죽음은 두려움과 슬픔의 대상이다.

한 사람의 일생에는 가족 등 타인의 죽음이라는 경험이 반드시 포함되어 있다. 이 경험은 슬픔과 우울, 회한과 분노 등 여러 감정을 불러일으키고 때로는 오랜 시간 동안 이어지기도 한다. 따라서 남은 자로서 자신의 삶을 제대로 살아내야 하기 때문에 애도의 문제가 발생한다.

2. 애도의 과정

애도 과정은 사랑하던 사람의 죽음에 대해 아파하고 슬퍼할 기회를 줌으로써 정서적으로 회복되게 하는 과정을 의미하며, 시간이 지나면서 슬픔을 이겨내고 상실한 대상을 자신의 마음으로부터 떠나보내며 상실한 대상이 없이도 살아갈 수 있게 되는 과정을 말한다.[15]

1) Elisabeth Kübler-Ross의 애도 단계

스위스 출신의 미국 정신과 의사이며 임종 연구(Near-Death Studies) 분야의 개척자로 『죽음과 임종에 관하여(On Death and Dying, 1969)』등을 출간한 '엘리자베스 퀴블

15) 강현경·김성숙. 2013. 유아의 애도 과정에 대한 문헌적 고찰. 『미래유아교육학회지』, 20(2): 325-345.

러-로스'는, 200명이 넘는 시한부 환자들을 인터뷰 하여 죽음을 앞둔 사람들의 심리 반응이 5단계에 걸쳐 일어난다고 설명했다. 더불어 이 단계는 죽음과 같은 커다란 상실을 겪었거나 앞두고 있는 사람들의 심리학적 반응을 설명할 때에도 적용할 수 있다고 했는데, 그 이유는 자신의 죽음을 앞두고 있을 때 일어나는 정서적 반응과 가족의 죽음을 경험하는 반응이 비슷하게 일어나기 때문이라고 한다. 엘리자베스 퀴블러-로스는 '부정(충격)'-'분노'-'타협(죄책감)'-'우울(절망)'-'수용'으로 이어지는 애도 과정을 '분노의 5단계(Five Stages of Grief)'라는 이론으로 정립해 처음으로 논의를 했는데, 마침 자세한 설명이 국내에서도 번역 출간된 『상실 수업』[16]이라는 책에 담겨 있어, 그 부분을 옮기면서 설명을 더하자면 다음과 같다.

〈그림 1〉 엘리자베스 퀴블러-로스의 '분노의 5단계'

첫 번째, 부정의 단계에 있는 사람은 충격에 휩싸여 정신이 멍해지고 망연자실한 모습을 보이며, 사랑하는 사람의 죽음과 같은 상황에 대해 믿을 수 없다고 말한다. 또한 '어떻게 이런 일이 일어났지? 이 일을 막을 수는 없었을까?'와 같은 질문을 스스로에게 던지면서, 고인이 정말 죽었기 때문에 이제 곁에 없다는 점을 실감하게 된다. 하지만 이것이 실제 죽음을 부정하는 것은 아니며, 다만 정신적으로 감당하기 힘든 일인 만큼 처음부터 온전히 믿기 힘든 것이다. 이 과정은 상실의 충격으로 인해 그동안 부정해 왔던 감정들을 수면 위로 떠오르게 하면서 결국 치유가 되어 슬픔의 감정을 감당할 수 있도록 도와준다. 그러므로 첫 번째 단계는 상실에 대한 탐색과 인식의 시점이라고 할 수 있다.

16) 엘리자베스-퀴블러 로스·데이비드 케슬러 지음, 김소향 옮김. 2014. 『상실 수업』. 서울: 인빅투스. pp. 26-51의 내용을 일부 인용.

두 번째는 분노의 단계로, 주변과 자신을 원망한다. 시시때때로 끝이 없는 분노가 일어나 애도자를 괴롭게 만들지만, 마음의 치유를 위해 꼭 거쳐야 하는 단계이기도 하다. 슬픔이나 공포, 아픔이나 외로움보다 먼저 찾아오는 감정인 분노는, 애착 대상의 죽음을 막지 못한 자신에 대한 감정이자 부당하다고 느끼는 상황에 대한 의미이기도 하다. 이와 같은 분노는 애도의 전 단계에 걸쳐 다양한 형태로 바뀌며 지속적으로 찾아오는 경향이 있지만, 이 감정을 느낀다는 것은 치유가 되고 있다는 것이며 그 이후 감정들 역시 서서히 수용하고 있다는 뜻으로 해석할 수 있다. 그러므로 두 번째 단계는 분노를 탐색하고 표출하는 시점이라고 할 수 있다.

세 번째는 타협의 단계이다. 이 단계에서는 사랑하는 사람을 잃지 않을 수 있다면 무엇이든 할 수 있을 것이라 여기며 신, 의사, 자기 자신 등 죽음을 막기 위해 여러 대상과 타협한다. 상실을 겪은 후에는 협상의 형태로 바뀌어 '만일 ~했다면 그런 일이 일어나지 않았을까'라는 생각에 사로잡히게 된다. 즉, 가정을 통해 자신의 잘못을 찾고 다르게 대처할 수 있었던 부분을 생각해 본다. 따라서 타협에는 죄책감이 수반되지만, 슬픔 속에 자리 잡은 고통을 경감시켜주는 중요한 역할을 한다. 또한 상실을 겪은 사람들이 느꼈던 강한 부정적 감정들이 일정한 거리를 두고 유지됨으로써 혼란한 상태에 질서가 잡히며, 각 단계에 적응할 수 있도록 시간적 여유를 준다. 그러므로 세 번째 단계는 상실한 것과 관련하여 다시 한 번 감정을 떠올리고 타협의 시간을 갖는 시점이라고 할 수 있다.

네 번째, 우울의 단계에서는 깊은 절망감을 느낀다. '만일'을 생각하던 타협의 단계를 지나 현실로 이동하는 단계이기도 하다. 이 단계에서는 공허감이 드러나고 슬픔이 상상 이상으로 깊게 침투하게 된다. 때문에 사별을 겪은 사람은 애써 이 세상을 살아갈 의미가 있는지 의문을 갖는다. 따라서 위험할 수 있는 단계이기도 하지만 동시에 반드시 거쳐야 하는 과정이기도 하다. 왜냐하면 슬픔을 충분히 느낌으로써 성숙으로 가는 마음의 준비가 가능해지기 때문이다. 그러므로 네 번째 단계는 자신의 감정을 인식하고 조절하여 내면의 힘을 찾아가는 시점이라고 할 수 있다.

마지막 다섯 번째 단계의 수용은 사랑하던 대상이 떠나버린 현실을 받아들이고, 이러한 현실이 지속될 것이라는 사실을 인정하는 것이다. 다만, 상실을 인정한다고 해서 그 상황에 만족하거나 갑작스럽게 마음의 평화를 찾는다는 뜻은 아니다. 대신 슬픔 속에서도 주어진 삶을 다시 살아가는 법을 배우는 것을 의미한다. 떠나버린 사람은 다시 돌아올 수 없다. 대신 함께했던 기억들로 인해 그의 존재를 깨달으면서 다시 살아갈 수 있는 관계를 형성해 나가는 것이다. 그러므로 다섯 번째 단계는 자신의 감정을 통찰하고 통합하는 시점이라고 할 수 있다.

2) Anne Ancelin Schützenberger와 Evelyne Bissone Jeufroy의 애도 단계

프랑스의 심리학자이자 심리치료사인 '안 앙셀렝 슈창베르제'와 그의 제자인 '에블린 비손 죄프루아'는 앞서 소개한 '엘리자베스 퀴블러-로스'의 단계를 토대로, 애도의 과정을 다음과 같이 정리해 발표했다.[17)]

첫 번째, 사람들은 예기치 못한 죽음으로 인해 일종의 충격과 쇼크를 받게 된다. 갑작스러운 상실을 경험하게 되면 움직일 수 없고 말을 할 수도 없으며, 몸을 못 쓰게 된 것 같기도 하고 마비된 것 같기도 하며, 근육이 경직된 것 같고 못을 박아 그 자리에 고정된 것 같은 증상을 나타낸다.

두 번째, 부정과 부인을 나타내게 되는데, "그럴 수는 없어, 나는 아니야. 지금은 안 돼. 그것 말고. 그 사람이? 아니야. 그렇게 젊은 사람이? 그럴 리가 없어. 그 사람이 죽었을 리가 없어. 그 말 사실 아니지? 아니야. 그럴 리 없어. 의사들이 뭔가 잘못 알고 있는 거야. 나는 아프지 않아."와 같은 말들을 되풀이 하며 사건과 사고를, 죽음을 부인한다.

세 번째, 부정과 부인 이후 "왜 나에게?"와 같은 질문과 함께 분노(화) 감정을 경험

---

17) Schützenberger, A. A.·Jeufroy, E. B. 지음, 허봉금 옮김. 2014.『차마 울지 못한 당신을 위하여』. 서울: 민음인.

한다. 따라서 신이나 어떤 타인을 희생양으로 삼아 그에게 화를 돌리는 경우가 많으며, “그건 공정하지 못해. 용납할 수 없는 일이야. 그 사람은 그럴 권리가 없어.”라고 말하기도 한다. 이 시기 애도자의 눈에 보이는 모든 것은 불평과 불만의 씨앗이지만, 사실은 사람들에게 자신이 잊히는 것이 두려운 것이다. 그래서 그는 불평을 통해 사람들이 자신을 도와주기를 바란다.

네 번째, 우울증 혹은 두려움을 경험한다. “앞으로 나는 어떻게 될까, 그 사람이 없으면 나는 절대 혼자서 헤쳐 나가지 못할 거야.”와 같은 불안한 생각이 계속 들 수 있고, 버림받았다는 느낌이나 어려운 일에 당당히 맞서지 못할 것이라는 두려움을 갖는 것이다.

다섯 번째, 결정적 슬픔을 표출하는 가장 견디기 힘든 시기에 해당한다. 마침 주위에 슬픔을 공감하고 위로해 주는 사람이 있다면 좋을 텐데, 만약 그런 이가 없고 애도를 통해 상처를 어루만질 수 있는 시간도 충분하지 않다면 고통은 더 지속될 것이다. 따라서 상실이 현실적으로 느껴질 때까지 슬픔을 끝까지 체험할 필요가 있다. 왜냐하면 그래야 그 사람이 더 이상 존재하지 않는다는 사실을 받아들일 수 있고, 삶을 향한 재상승을 시작할 수 있기 때문이다.

여섯 번째, 받아들임을 경험하는 단계로, 이는 포기하는 것이 아니라 발전하는 것이며 전혀 모르는 새로운 문턱을 넘어가는 것이다. 상실을 겪은 사람이 현실 상황을 진정으로 받아들이는 모습을 보면, 드디어 그 사람이 애도를 마쳤다는 사실을 알 수 있다고 한다. 따라서 그는 앞으로 다가올 삶에 마음을 열고 나아가고 변해가면서, 다르게 살 수 있게 될 것이다.

일곱 번째, 용서의 단계이다. 용서한다고 해서 반드시 화해를 해야 하는 것은 아니며, 더 이상 분한 마음 때문에 고통 받지 않는다는 것이다. 용서한다는 것은 다른 사람이 우리에게 잘못한 점에 대해, 혹은 우리가 당한 부당한 일에 대해 용서를 빌라고 요구하는 것을 포기하는 것이며, 최종 목표는 정신적 평화를 얻는 것이다. 이 과정을 거치게 되면 마침내 거쳐 왔던 고통스러운 삶의 순간들과 화해하기에 이르고 지금 여기에서의 이 순간에 충실히 살 수 있다. 즉, 앞으로 나아가고, 뭔가 되어가는 듯한 새로운 지평을 여는 움직임으로 활기가 넘치게 된다.

다음의 〈그림 2〉는 이상의 단계를 그림으로 표현한 것이다.

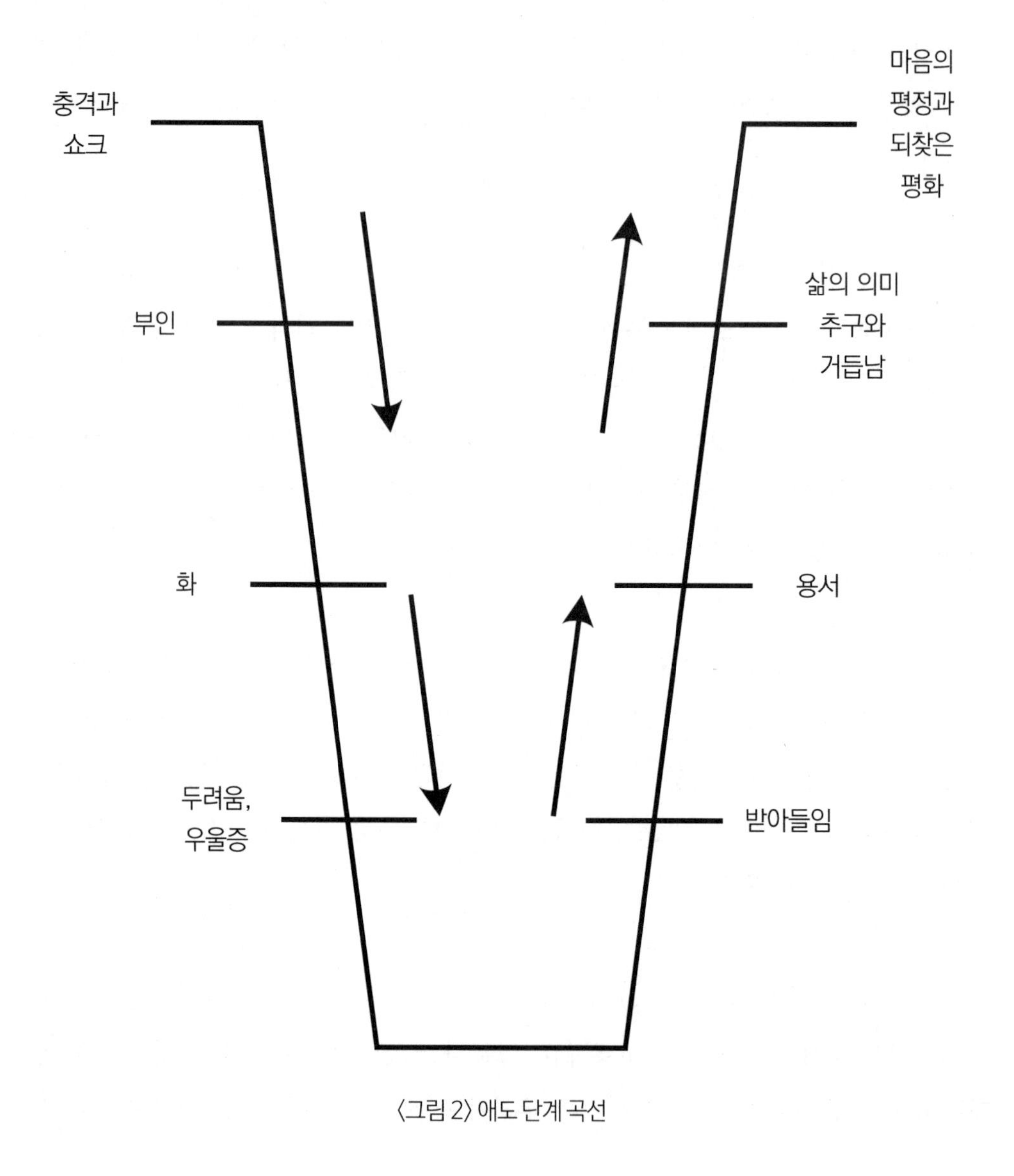

〈그림 2〉 애도 단계 곡선

3) 전상주의 애도의 다섯 단계

전상주[18]는 『애도의 시 쓰기』라는 논문에서 애도의 다섯 단계를 다음과 같이 정리했다.

(1) 충격

사랑하는 사람의 죽음에 대한 즉각적 반응은 정서적 무감각과 멍한 상태, 불신, 공황 및 격렬한 울음을 토해내는 행위로 나타난다. 이는 충격이라는 단어로 집약될 수 있는데, 이 상태를 겪는 당사자는 우선 뜻밖의 현실을 부정하기에 급급하다. 이러한 태도는 충격에 대처하기 위해 자기를 방어할 수 있는 시간을 제공한다는 의미에서 자연스러운 반응이라고 할 수 있다.

(2) 회한

회한은 애도 과정의 두 번째 단계라고 볼 수 있는데, 여기서 살아남은 자는 자신의 과오를 뉘우치며 스스로를 질책하는가 하면 심한 죄의식에 사로잡히기도 한다. 이때 그는 떠나간 사람에 대한 생각에 울고 한숨지으며, 그 사람이 사용했던 물건이나 함께 다니던 장소에 집착한다. 이는 뉘우침과 한탄의 형식을 통해서라도 사랑하는 사람과 함께 했던 과거로 돌아가고 싶은 심경을 드러내는 것이다.

(3) 고독

애도의 슬픔에는 필연적으로 고독감이 수반되며, 그 고독감은 고인에 대한 사무치는 그리움으로 이어진다. 세상에 홀로 버려진 듯, 외롭고 쓸쓸한 심경에 휩싸인 화자는 어떤 사람이나 어떤 장소에서도 위안을 얻지 못한다. 그는 실성한 듯이 중얼거리며 자신의 처지를 하소연하지만 그에게 삶의 의지를 불어넣어 줄 어떤 응답도 기대할 수 없다. 이 시점에서 고인의 추억은 어렴풋한 환영처럼 나타나고 고인을 대화상대로 삼은 섬망 상태와도 같은 고백이 이어진다.

---

18) 전상주. 2010. 『애도의 시 쓰기』. 석사학위논문. 계명대학교 대학원 문예창작학과. pp. 4-15.

(4) 낙담

절망과 낙담의 단계에서는 무력감과 패배감이 지속되며 우울증 징후가 지배적이다. 모든 일이 뜻대로 되지 않는 상황에 맞닥뜨린 자아는 자신의 처지를 부정할 수도 연민할 수도 없는 상태에 놓이기 때문이다. 그러나 이와 같은 막다른 상황에서 허탈한 체념을 통해 비로소 사랑하는 사람이 이 세상에 없다는 쓰라린 현실이 수용된다.

(5) 해소

애도의 도정을 전체적으로 살펴보면, 단계적인 해방과 정화의 과정이라 여길 만하다. 현실에 대한 이해와 자연스러운 감정 표현을 통해 잃어버린 대상에 속박되어 있던 감정적 에너지가 서서히 풀려나고, 이 세상을 떠난 존재에 대한 집착의 강도가 완화된다. 자기 이해와 화해의 과정을 통해 현실을 있는 그대로 긍정하는 단계에 이르러서야, 그간의 떨쳐지지 않던 중압감과 상실감은 비로소 해소된다.

4) William J. Worden의 애도 과업

하버드대학교 의과대학의 심리학 교수인 '윌리엄 J. 워든'은 사별의 슬픔에 잠긴 사람이 애도를 끝내기 전에 반드시 달성해야 할 네 가지 과업을 다음과 같이 정리했다.[19] 다만 그는 이 과업이 반드시 순서에 의해 이루어질 필요는 없고, 사람에 따라 다시 경험할 수도 있다고 했다. 그럼에도 이 단계를 '과업'이라고 칭한 이유는 그것이 의도하는 일정한 질서가 있기 때문이라고 한다.

(1) 상실의 현실을 받아들이기

사별 애도에 대한 첫 번째 과업은 '그 사람이 죽었다.'는 것과 '그 사람은 가버렸다.' 또는 '다시는 돌아오지 못한다.'라는 현실을 완전히 직면하는 것이다. 상실의 현실을 수용하는 것의 반대는 '부인하는 것'이다. 믿지 않는 것을 말한다. 부인하는 것은 일반적인 반응이며, 상실의 충격을 완화시켜주는 역할을 하지만 과도하거나 너무 오랜

19) Worden, J. William. 지음, 이범수 옮김. 2007. 『유족의 사별슬픔 상담과 치료』. 서울: 해조음.

시간 지속된다면 문제가 된다. 또한 반대로 상실의 의미를 부정하거나 과소평가하는 것이다. '그는 좋은 아버지가 아니었어.', '우리는 그렇게 가까운 사이가 아니다.' 혹은 '나는 그가 그립지 않아.'와 같은 예이다.

(2) 사별 슬픔의 고통을 겪으며 애도 작업하기

모든 사람이 동일한 고통의 강도를 동일하게 경험하거나 동일한 방법으로 느끼지는 않는다. 하지만 깊은 애착 관계에 있었던 사람을 적당한 수위의 고통을 경험하지 않고 잃는다는 것은 불가능하다. 'Parkes'는 유족들이 사별 슬픔의 작업을 끝마치기 위하여 사별 슬픔의 고통을 겪어내는 것도 필요하다면, 유족들로 하여금 이 고통을 지속적으로 회피 또는 억압하도록 묵인하는 것들은 애도의 고정을 지연시키는 것으로 간주된다고 했다. 사별 슬픔의 고통을 겪는 것을 방해하는 것은 사회적인 시선이다. 'Bowlby'는 "이르던 늦던 의식되는 사별 슬픔을 회피하는 사람들의 일부는 대개 우울증의 한 형태로 나타날 것이다."라고 말한다.

(3) 고인을 잃은 환경에 적응하기

① 외부 적응 : 새로운 환경에 적응한다는 것은 다른 사물과 사람에 대한 것을 의미하며, 그 적응 여부는 고인과 어떠한 관계였는지와 고인이 했던 역할에 따라 다르다. 여성들이 남편 없이 사는 것이 어떠한 것인지를 깨닫게 되는 시간이 얼마 걸리지 않는다. 고인에 의해서 행해졌던 모든 역할들은 상실이 일어나고 일정한 시간이 지나면서 점점 더 깨닫게 된다.

② 내적 적응 : 유족들은 고인이 죽기 전에 했던 역할의 빈자리를 적응해야 할 뿐만 아니라, 죽음으로부터 살아남은 사람으로서의 감각에도 적응해야 한다. 일부 연구에서는 자신의 정체성을 타인들과의 관계성이나 타인들에 대한 돌봄을 통해서 정립하는 여성들에게, 사별은 중요한 대상을 잃어버리는 것뿐만 아니라 자신을 상실하는 느낌을 받게 되는 것이라고 말한다. 특별히 애착 관계가 더 클수록 상실에 대한 내적 적응이 힘들게 된다.

③ 영적 적응 : 미국 매사추세츠대학교 심리학과의 교수 '로니 야노프-벌만(Ronnie Janoff-Bulman)'은 사랑하는 사람의 죽음으로 인해서 도전받는 세 가지를 다음과 같이 말했다. 첫째, 세상은 자비롭고 사랑이 넘치는 장소이고, 둘째, 세상은 상식적이며, 셋째, 사람은 가치가 있는 존재라는 것이다. 특별히 갑작스러운 죽음이나 어린 아이를 잃은 어머니들은 왜 하나님이 이러한 일이 벌어지게 나두었냐며 원망과 탄식을 하게 된다.

(4) 고인의 감정적 재배치와 삶을 함께 살아나가기

네 번째 과업은 유족들이 고인과의 관계를 단절하도록 도와주는 것이 아니라, 유족들이 정서적인 삶을 살아나가는데 고인을 위한 마땅한 공간을 배정하도록 도와주는 일이다. 그 장소는 세상에서 유족들이 효율적으로 살아가는 것을 가능하게 해준다. 아이를 잃은 부모들을 위한 과업을 생각한다면, 부모들로 하여금 아이들과 연결되는 생각과 기억들이 지속되는 관계를 유지시켜야 한다. 이를 위해 효과적인 공간을 발견할 수 있게 된다면, 다시금 자신의 인생을 위한 투자와 설계를 할 수 있다.

Parkes & Brown은 연구를 통해 사별 가족들 중 사별 후 첫 해 동안 사별을 애도하지 않은 경우 평정을 유지하기보다는 우울증 증상으로 인해 훨씬 더 고통을 받고 있다고 보고했다.[20)]

Deutsch는 어린 시절에 사별을 경험한 4명의 환자가 상실에 대한 슬픔을 충분히 느끼지 못해 우울 증상을 보이고 살아가면서 여러 가지 어려움을 겪었는데, 이는 상실의 경험과 그에 따른 감정의 분리로 인해 애도가 지연되어 있었기 때문이라고 보았다. 또한 자아(Ego)가 애도 과정에서 고통을 감당할 수 있을 만큼 충분히 발달하지 않았거나, 그 과정을 회피하려는 일종의 자기애적 자기 방어기제를 사용하기 때문에 사

---

20) Parkes, C. M. & Brown, R. J. 1972. Health after Bereavement. 『Psychosomatic Medicine』, 34: 449-461.

별 애도의 부재가 나타날 수 있다고 하였다.[21)]

Horowitz 등은 의존적이었던 관계는 사별을 애도하기 쉽지 않다고 주장하였다. 왜냐하면 의존적 관계를 가졌던 사람은 의존 대상을 잃게 되면 강한 대상과의 관계로 적절히 자신을 유지해 왔던 것에서, 본래의 나약하고 무기력하며 초라한 자신으로 퇴행하는 것을 경험하게 되기 때문이라고 한다.[22)]

따라서 사랑하던 사람의 죽음 등 상실을 경험한 이들에게는, 이 상황에 대해 아파하고 슬퍼할 기회를 가짐으로써 정서적으로 회복되는 과정인 애도가 필요하다.

3. 애도와 독서치료

일반적으로 독서치료(Bibliotherapy)는 내담자 및 참여자가 다양한 문학작품들을 매개로 치료사와 일대일 혹은 집단으로 읽기, 발문을 통한 이야기 나누기, 활동 후 이야기 나누기 등의 상호작용을 통해 문제를 해결하는 것은 물론이고, 발달 및 성장, 적응을 돕는데도 활용되고 있는 심리정서 치료 방법을 말한다. 문학작품의 범위에는 책과 신문 잡지 등 인쇄된 자료는 물론이고, 드라마나 영화, 광고나 뮤직비디오와 같은 동영상 자료, 노래 및 음악 등의 오디오 자료, 사진과 피규어 등의 실물 자료가 모두 포함되고, 더불어 다른 사람에 의해 만들어진 것 이외 자신의 작품도 포함이 되며, 치료 세션(Session)에서 함께 만들어 내는 작품 역시 포함될 수 있다.

따라서 독서치료의 진정한 가치는 독서활동이 진행되는 과정과 치료사와의 만남을 통해 상호작용하는 과정 그 자체에 있다. 즉 내담자 및 참여자들이 치료를 위해 처방

---

21) Deutsch, H. 1937. The Absence of Grief. 『Psychoanalytic Quarterly』, 6: 12-22.

22) Horowitz, M. J. et al. 1980. Pathological grief and the activation of latent self images. 『American Journal of Psychiatry』, 137: 1157-1162.

된(치료적 정보가 담긴) 문학작품을 읽고 전문가인 치료사와 만나 상호작용 과정을 갖는 것이야말로, 자신의 문제를 해결할 수 있는 적극적인 행위가 되는 것이다.[23)]

이와 같은 개념을 가진 독서치료가 애도에 큰 도움이 될 수 있는 방법이라고 단정할 수는 없다. 다만 사람들마다 애도의 방법이 다를 것이므로, 누군가는 애도 대상이 남긴 일기나 편지와 같은 글을 읽을 수 있고, 그들을 그리워하며 글을 쓸 수도 있다. 이때 글을 읽거나 쓰는 것은 모두 독서치료적 활동이라고 볼 수 있기 때문에, 실제로 그런 방법을 통해 애도 작업에 도움을 받은 사람이 있다면 독서치료가 충분히 효과적이었다고 말할 수 있을 것이다. 다음은 애도를 목적으로 글을 쓰는 등 독서치료적 요소가 포함된 연구 논문 네 편의 일부를 간략히 정리한 것이다. 효과 검증이 이루어진 더 많은 논문을 소개하고 싶었으나 아직 국내에서는 관련 연구가 활발하지 않은 상황이다.

전상주(2010)[24)]는 『애도의 시 쓰기』라는 논문에서 다음과 같이 말하고 있다.

"예로부터 애도는 여러 가지 창조적 표현방식을 통해 실현되어 왔다. 장례의식, 기념비 건립, 고인을 위한 예술작품 제작 등이 그 예이며, 그런 점에서 시 쓰기 또한 애도 행위 가운데 하나가 될 수 있다. 일반적으로 삶의 세부들과 그 의미를 드러내는 시 창작은 또한 애도의 과정을 통해 죽음의 세부들과 그 의미를 살피는 효과적인 방식이 된다. 본 논문에서 글쓴이는 자신의 시작품들을 통해 사랑하는 대상의 죽음 이후 비극적 현실을 대면하고 수용하는 방식이 어떻게 변화하는지 살펴보고자 한다."

이어서 그는 '아내'부터 '어머니 2'에 이르기까지 총 50편의 시 작품을 통해 애도 작업을 어떻게 했는가 보여주고 있다. 다음은 상실에 따른 감정을 잘 보여주는 시 '긴 하루'의 전문이다.

---

23) 임성관. 2019. 『(개정판) 독서치료의 모든 것』. 서울: 시간의 물레. p.31.

24) 전상주. 2010. 앞의 논문.

긴 하루

눈 뜨기가 무섭다
일어나 갈 곳 없고
누워있어도 허리 아프니
오늘도 우두커니 벽만 보는 날인가

날이 갈수록 줄어드는 말
커져 가는 외로움
부를 이름도 찾을 이름도 이제는 없다

오늘은 어느 공원 기웃거리나
어느 무료급식소에서 한 끼 떼우나

예순 넘어 산다는 것,
하루 해가 참 길기도 하다

이어서 설정희(2014)[25]는 『통합예술치료가 가족 사별 경험 중년여성의 애도와 자아존중감에 미치는 효과』라는 논문을 통해, 예술치료의 여러 영역을 상호 통합하여 심리치료에 적용하는 시도를 했다. 그가 선택한 예술치료 영역에는 시나 그림책을 낭독하거나 편지 등의 글쓰기가 포함되어 있는데, 결과적으로 프로그램에 참여한 사람들의 애도 과정을 돕고 자아존중감 향상에도 기여를 했다고 하니, 독서치료만으로 구성을 해도 효과가 있을 것이라는 점을 예측할 수 있다.

25) 설정희. 2014. 『통합예술치료가 가족 사별 경험 중년여성의 애도와 자아존중감에 미치는 효과』. 석사학위 논문. 경성대학교 대학원 교육학과.

이지선(2017)[26]은 『시나리오치료 프로그램이 부모 사별 경험 대학생의 애도와 회복 탄력성에 미치는 효과』라는 논문을 통해, 자신이 직접 진술하고 싶은 사건이나 정황 장면을 쓰거나 혹은 내담자가 다시 경험하기를 원하는 방향으로 이야기를 재구성하는 방식을 취하는 시나리오치료를 바탕으로, 부모와의 사별 경험이 있는 대학생들의 애도 작업을 도와 회복 탄력성을 높이고자 하였다. 이때 시나리오 쓰기는 개인의 경험이 지문과 대사로 표현될 수 있으며, 과거 문제의 장면으로 서서히 들어가 그 상황을 뚜렷하게 재 경험 할 수 있고, 심리적 외상으로 남은 장면을 재연하면서 다시 만날 수는 없지만 용기가 없어서 등의 이유로 전하지 못한 말을 글로 씀으로써 응어리진 감정을 해소할 수 있도록 돕는 매개체가 된다는 것이다.

마지막으로 조은정(2016)[27]은 『죽음을 주제로 한 그림책의 애도과정 분석과 치유성 연구』라는 논문을 통해, 그림책에 나타난 애도 과정과 치유성을 분석하여 애도 교육의 매체로서 그림책의 적합성을 확인하였다. 그는 죽음을 주제로 한 그림책들 중 산자들의 애도 과정이 상세하게 다루어져 있는 그림책과, 개인의 죽음을 알고 스스로 애도하는 이야기가 담긴 그림책, 사회 공동체의 문제를 아파하고 그 슬픔을 회복해 보려는 상징이 드러난 사회적 애도를 다룬 그림책을 중심으로 분석하여, 그림책 속의 애도가 어떤 과정으로 진행되며 치유성을 지니고 있는지 글과 그림의 상호작용을 통해 연구하였다. 그 결과 그림책은 애도 과정의 특징을 탁월하게 표현하는 매체였고, 애도 과정을 겪는 인물들의 감정적 분출과 인지적 이해, 상실 대상에 대한 떠나보냄을 하는 행동적 의례들을 표현하고 있어 건강한 자아로 치유되는 과정을 보여주는 매체라고 결론지었다. 또한 죽음을 주제로 한 그림책에 나타난 애도 과정은 독자로 하여금 일상에서 경험하는 상실이나 이별의 아픔을 공감하여 심리적 예방 효과가 있기 때문에, 사회적 애도를 나타내는 매체로서도 효과적이라고 하였다.

---

26) 이지선. 2017. 『시나리오치료 프로그램이 부모 사별 경험 대학생의 애도와 회복 탄력성에 미치는 효과』. 석사학위논문. 경성대학교 대학원 교육학과.

27) 조은정. 2016. 『죽음을 주제로 한 그림책의 애도과정 분석과 치유성 연구』. 석사학위논문. 경기대학교 국제문화대학원 독서지도학과.

또한 다음의 〈표 1〉은 인터넷 서점 사이트를 통해 검색 후 정리한 애도 관련 단행본에 관한 서지사항이다. 이 안에는 소설, 수필, 이론서가 두루 포함되어 있기 때문에, 애도 상담이나 치료 관련 분야를 연구하는 사람, 다른 사람의 경험을 통해 본인도 애도를 하고자 하는 분 등에게 도움이 될 거라 생각한다. 다만 필자의 게으름으로 미처 포함시키지 못한 단행본도 있을 것이므로, 그 부분에 대해서는 여러분 각자의 에너지를 활용해 주시기 바란다. 목록은 최근 출간된 순서로 정리했다.

〈표 1〉 애도 관련 단행본 목록

순번	제목	저자	출판사	출판년도
1	엄마의 죽음은 처음이니까 : 존엄하고 아름다운 이별에 관해	권혁란 지음	한겨레출판사	2020
2	엄마는 괜찮아 : 엄마를 잃고서야 진짜 엄마가 보였다	김도윤 지음	아르테(arte)	2020
3	(의미창출을 위한 상담기법) 애도 상담과 표현예술	Barbara E. Thompson, Robert A. Neimeyer 지음, 유영권 옮김	학지사	2020
4	엄마와 함께한 세 번의 여행 : 엄마를 보내고, 기억하며	이상원 지음	갈매나무	2019
5	서둘러, 잊지 않습니다 : 사랑하는 사람을 떠나보낸 이에게 전하는 위로의 선물	김도경 지음	책틈	2019
6	애도의 애도를 위하여 : 비판 없는 시대의 철학	진태원 지음	그린비	2019
7	애도 상담 : 상실과 비애에 관한 상담 지침서	스티븐 J. 프리먼 지음, 이동훈 옮김	사회평론아카데미	2019
8	애도 상담의 실제 : 강점 기반 애도 상담을 위한 평가와 개입 워크북	엘리자베스 C. 포메로이, 르네 브래드포드 가르시아 지음, 강영신 옮김	사회평론아카데미	2019
9	애도의 이해와 개입 : 현장에서의 위기 개입 워크북	육성필·박혜옥·김순애 지음	박영스토리	2019
10	아침의 피아노	김진영 지음	한겨레출판사	2018
11	애도 일기	롤랑 바르트 지음, 김진영 옮김	걷는나무	2018

12	위태로운 삶 : 애도의 힘과 폭력	주디스 버틀러 지음, 윤조원 옮김	필로소픽	2018
13	멜랑콜리와 애도의 시학 : 백석, 이용학, 박용철의 시 세계	차성환 지음	국학자료원	2018
14	애도 수업 : 고난당한 이에게 바른 위로가 되는 책	캐시 피터슨 지음, 윤득형 옮김	샘솟는기쁨	2018
15	우리는 저마다의 속도로 슬픔을 통과한다 : 어떻게 애도할 것인가	브룩 노엘· 패멀라 D. 블레어 지음, 배승민 옮김	글항아리	2018
16	제대로 슬퍼할 권리 : 심리치료사가 말하는 상실의 슬픔에 대처하는 자세	패트릭 오말리·팀 매디건 지음, 정미우 옮김	시그마북스	2018
17	문학과 애도 : 이경재 평론집	이경재 지음	소명출판	2016
18	애도와 우울(증)의 현대시	김승희 지음	서강대학교출판부	2015
19	애도, 어떻게 견뎌야 할까	바버라 파홀 에버하르트 지음, 신유진 옮김	율리시즈	2015
20	남겨진 자들을 위한 미술 : 현대미술은 어떻게 이별과 죽음 전쟁과 재해를 치유하고 애도했는가	우정아 지음	휴머니스트	2015
21	멜랑꼴리의 검은 마술 : 애도와 멜랑꼴리의 정신분석	맹정현 지음	책담	2015
22	애도하는 사람	텐도 아라타 지음, 권남희 옮김	문학동네	2014
23	이별한다는 것에 대하여 : 상실한 사람들의 애도 심리학	채정호 지음	생각속의집	2014
24	애도하는 미술 : 죽음을 이야기하는 98개의 이미지	박영택 지음	마음산책	2014
25	좋은 이별 : 김형경 애도 심리 에세이	김형경 지음	사람풍경	2012
26	애도예찬 : 문학에 나타난 그리움의 방식들	왕은철 지음	현대문학	2012
27	애도 받지 못한 자들	몸문화연구소 지음	쿠북	2012
28	모든 상실에 대한 치유, 애도	David K. Swizer 지음, 최혜란 옮김	학지사	2011
29	애도와 우울증 : 푸슈킨과 레르몬토프의 무의식	이현우 지음	그린비	2011
30	애도 : 대상관계 정신분석의 관점	수잔 캐벌러 애들러 지음, 이재훈 옮김	한국심리치료연구소	2009

이어서 다음의 〈표 2〉는 죽음 관련 그림책 180권에 대한 목록을 정리한 것이다. 독서치료에서 그림책만을 문학작품으로 활용하는 것은 아니지만, 분량이 짧아 치료 대상자들이 미리 읽어오지 않아도 되고, 글과 그림에서 얻은 치료적 정보를 바탕으로 통찰에 이를 수 있도록 도울 수 있기 때문에 자주 선택되는 것이 사실이다. 따라서 본 책을 통해 차례대로 소개할 프로그램에서도 그림책이 주로 활용될 텐데, 그에 앞서 한 곳에 모아 본 것이다.

따라서 죽음 관련 그림책의 내용이 궁금한 분들은 이곳에 정리한 것들을 먼저 선택해 읽어보면 될 텐데, 다만 아쉬운 면이라면 이미 절판된 것이 포함되어 있고, 필자의 게으름으로 포함시키지 못한 것도 있을 것이라는 점이다. 그러니 그런 책들은 공공도서관이나 서점 등에서 찾아보신 뒤 본인의 목록에 추가하시기 바란다.

마지막으로 목록의 순서는 2020년에 출간된 것부터 2000년까지 한글 제목의 가나다순, 숫자순으로 정리를 했으며, 저자에 대한 정보는 책 표지에 있는 내용을 우선적으로 선택해 적었다는 점을 밝힌다.

〈표 2〉 죽음 관련 그림책 목록

순번	제목	저자	출판사	출판년도
1	내 친구 별똥이가 사라졌어요	이정아 글, 햇님 그림	창조와지식	2020
2	노랑의 이름	김영화 글·그림	낮은산	2020
3	망가진 정원	브라이언 라이스 글·그림, 이상희 옮김	밝은미래	2020
4	매일 보리와	이승민 글, 민승지 그림	노란상상	2020
5	버찌 잼 토스트	문지나 글·그림	북극곰	2020
6	사랑하는 당신	고은경 글, 이명환 그림	엑스북스	2020
7	아빠 바다	조경숙 글, 이수연 그림	청어람주니어	2020
8	어느 늙은 산양 이야기	고정순 글·그림	만만한책방	2020

9	언제나 네 곁에	이루리 글, 엠마누엘레 베르토시 그림	북극곰	2020
10	우리 다시 만나요	생 미아오 글·그림, 박소연 옮김	달리	2020
11	우리 집의 시간	사무엘 카스타뇨 메사 글·그림, 니콜라 에롤 옮김	우리나비	2020
12	지렁이 장례식	마리에 오스카손·지바 라구나트 글, 케너트 안데르손 그림, 김경희 옮김	제제의숲	2020
13	할아버지는 어디 있어요?	콜레트 엘링스 글, 마리알린 바뱅 그림, 이정주 옮김	시공주니어	2020
14	할아버지의 마지막 여름	글로리아 그라넬 글, 킴 토레스 그림, 문주선 옮김	모래알	2020
15	함께한 시간을 기억해	재키 아주아 크레이머 글, 신디 더비 그림, 박소연 옮김	달리	2020
16	행복한 장례식	맷 제임스 글·그림, 김선희 옮김	책빛	2020
17	100년이 지나면	이시이 무쓰미 글, 아베 히로시 그림, 엄혜숙 옮김	살림	2020
18	강아지와 나, 같은 날 태어났어	노부미 글·그림, 황진희 옮김	한솔수북	2019
19	나의 들소	가야 비스니예프스키 글·그림, 밀루 옮김	미래아이	2019
20	나의 루시	김세나 지음	트리앤북	2019
21	납작한 토끼	바두르 오르카르손 지음, 권루시안 옮김	진선아이	2019
22	너와 함께 있을게	베르너 홀츠바르트 글, 머다드 자에리 그림, 박혜수 옮김	금동이책	2019
23	누가 하늘나라 갔어?	스티나 비르센 글·그림, 기영인 옮김	문학과지성사	2019

24	당신과 함께	잔디어 글·그림, 정세경 옮김	다림	2019
25	밤의 숲에서	임효영 글·그림	노란상상	2019
26	사랑하는 할머니	딕 브루너 지음, 이상희 옮김	비룡소	2019
27	서서 자는 사람	신소라 글·그림	웅진주니어	2019
28	아빠의 엄마의 엄마	가에탕 도레뮈스 글·그림, 유 아가다 옮김	책놀이쥬	2019
29	어느 날, 우리는	안승준 글, 홍나리 그림	사계절	2019
30	우리가 사라지면 어디로 갈까?	이자벨 미뇨스 마르띵스 글, 마달레나 마또주 그림, 송필환 옮김	북뱅크	2019
31	정말 멋진 날이야	김혜원 글·그림	고래뱃속	2019
32	코딱지 할아버지	신순재 글, 이명애 그림	책읽는곰	2019
33	할머니, 어디 있어요?	안은영 글·그림	천개의바람	2019
34	할아버지의 천사	유타 바우어 글·그림, 유혜자 옮김	비룡소	2019
35	검은 강아지	박정섭 지음	웅진주니어	2018
36	나는 생명이에요	엘리자베스 헬란 라슨 글, 마린 슈나이더 그림, 장미경 옮김	마루벌	2018
37	다 어디 갔지?	제레미 드칼프 글·그림, 김세혁 옮김	푸른숲주니어	2018
38	달을 삼킨 코뿔소	김세진 글·그림	모래알	2018
39	백구	김민기 글, 권문희 그림	사계절	2018
40	별이 되고 싶어	이민희 지음	창비	2018
41	사탕	실비아 반 오먼 글·그림, 이한상 옮김	월천상회	2018
42	상여 나가는 날	선자은 글, 최현묵 그림	미래아이	2018
43	새내기 유령	로버트 헌터 지음, 맹슬기 옮김	에디시옹장물랭	2018

44	슬픔을 건너다	홍승연 지음	달그림	2018
45	안녕	안녕달 지음	창비	2018
46	어느 날 아침	이진희 글·그림	글로연	2018
47	여행 가는 날	서영 글·그림	위즈덤하우스	2018
48	이백하고도 육십구일	로알 칼데스타 글, 베이른 루네 리 그림, 이유진 옮김	책빛	2018
49	잘 가요, 안녕	투씨 브러커 글, 카롤린 웨스터만 그림, 안지원 옮김	봄의정원	2018
50	지구별 소풍	유일윤 글, 김나연 그림	엄마마음	2018
51	최고 멋진 날	고정순 글·그림	웅진주니어	2018
52	토끼 하늘나라는 어디일까	킬리안 레이폴드 글, 이나 하텐하우어 그림, 유혜자 옮김	시공주니어	2018
53	콰앙!	조원희 글·그림	시공주니어	2018
54	할머니의 노란 우산	릴리 샤르트랑 글, 파스칼 보낭팡 그림, 양진희 옮김		2018
55	할아버지는 어디로 갔어요?	스텔라 미카일리두 글, 마리오나 카바사 그림, 서용조 옮김	터치아트	2018
56	흰둥이	궈나이원 기획, 저우젠신 그림	북극곰	2018
57	나는 죽음이에요	엘리자베스 헬란 라슨 글, 마린 슈나이더 그림, 장미경 옮김	마루벌	2017
58	날아라, 고양이	트리누 란 글, 아네 피코브 그림, 정철우 옮김	분홍고래	2017
59	누가 상상이나 할까요?	주디스 커 글·그림, 공경희 옮김	웅진주니어	2017
60	다시 만나게 될 거야	아녜스 드 레스트라드 글, 샤를로트 코트로 그림, 임희근 옮김	노란상상	2017

61	만남	백지원 지음	봄봄출판사	2017
62	별이 되기 전 머무는 집	함영연 글, 김휘리 그림	나한기획	2017
63	별이 된 누나	박영옥 글, 전주영 그림	쉼어린이	2017
64	사랑하는 고양이가 죽은 날	그뤼 모우르순 글·그림, 한주연 옮김	찰리북	2017
65	세상에서 가장 멋진 장례식	울프 닐손 글, 에바 에릭손 그림, 임정희 옮김	시공주니어	2017
66	어느 날,	이적 글, 김승연 그림	웅진주니어	2017
67	우리 할아버지	존 버닝햄 글·그림, 박상희 옮김	비룡소	2017
68	우리가 헤어지는 날	정주희 글·그림	책읽는곰	2017
69	잘 가, 작은 새	마거릿 와이즈 브라운 글, 크리스티안 로빈슨 그림, 이정훈 옮김	북뱅크	2017
70	죽음은 돌아가는 것	다니카와 슌타로 글, 가루베 메구미 그림, 최진선 옮김	너머학교	2017
71	친할머니 외할머니	김인자 글, 문보경 그림	단비어린이	2017
72	할머니가 남긴 선물	마거릿 와일드 글, 론 브룩스 그림, 최순희 옮김	시공주니어	2017
73	사과나무 위의 죽음	카트린 셰러 글·그림, 박선주 옮김	푸른개	2016
74	아빠 나무	김미영 글·그림	고래뱃속	2016
75	엄마가 유령이 되었어!	노부미 글·그림, 이기웅 옮김	길벗어린이	2016
76	이게 정말 천국일까?	요시타케 신스케 글·그림, 고향옥 옮김	주니어김영사	2016
77	잠자는 할머니	로베르토 파르메지아니 글, 주앙 바즈 드 카르발류 그림, 이순영 옮김	북극곰	2016
78	잘 가, 안녕	김동수 글·그림	보림	2016

79	춤추는 고양이 차짱	호사카 가즈시 글, 오자와 사카에 그림, 박종진 옮김	한림출판사	2016
80	할아버지의 섬	벤지 데이비스 글 · 그림, 이야기별 옮김	예림아이	2016
81	100만 번 산 고양이	사노 요코 글 · 그림, 김난주 옮김	비룡소	2016
82	똘배가 보고 온 달나라	권정생 글, 김용철 그림	창비	2015
83	밤밤이와 안녕할 시간	윤아해 글, 조미자 그림	스콜라	2015
84	사자가 작아졌어!	정성훈 글 · 그림	비룡소	2015
85	어젯밤에 누나하고	예프 애르츠 글, 마리트 퇴른크 비스크 그림, 강이경 옮김	한마당	2015
86	엄마 까투리	권정생 글, 김세현 그림	낮은산	2015
87	우리 할머니는 향기 나는 마을에 산다	팡수전 글, 소냐 다노프스키 그림, 심봉희 옮김	베틀북	2015
88	우리 집엔 할머니 한 마리가 산다	송정양 글, 전미화 그림	상상의집	2015
89	이제 집으로 가자	강진주 글 · 그림	노란상상	2015
90	죽음을 깨달은 아딘	불교 설화 원작, 이잠 지음, 유경래 그림	한국셰익스피어	2015
91	죽음의 먼지가 내려와요	김수희 글, 이경국 그림	미래아이	2015
92	할머니, 어디 있어요?	앨리스 맬빈 지음, 김지이 옮김	엔이키즈	2015
93	할아버지 안녕	김병규 글, 원유미 그림	학고재	2015
94	할아버지는 바람 속에 있단다	록산느 마리 갈리에즈 글, 에릭 퓌바레 그림, 박정연 옮김	씨드북	2015

95	나무 : 죽음과 순환에 대한 작지만 큰 이야기	대니 파커 글, 매트 오틀리 그림, 강이경 옮김	도토리숲	2014
96	내 친구 네이선	메리 바 글, 캐런 A. 제롬 그림, 신상호 옮김	동산사	2014
97	내가 가장 슬플 때	마이클 로젠 글, 퀜틴 블레이크 그림, 김기택 옮김	비룡소	2014
98	뼈다귀 개	에릭 로만 글 · 그림, 김소연 옮김	주니어김영사	2014
99	아름다운 이별	이철환 글, 흩날린 그림	주니어RHK	2014
100	안녕, 또 보자	나카시마 미즈키 글, 츠루타 토모야 그림, 종이나무 옮김	이미지앤노블	2014
101	엄마의 말	최숙희 글·그림	책읽는곰	2014
102	영원한 이별	카이 뤼프트너 글, 카트야 게르만 그림, 유혜자 옮김	봄나무	2014
103	죽으면 어떻게 돼요?	페르닐라 스탈펠트 글·그림, 이미옥 옮김	시금치	2014
104	할머니를 기다립니다	세베린 비달 글, 세실 방구 그림, 박상은 옮김	푸른숲주니어	2014
105	할아버지가 우리 집에 왔어요!	셰리 시니킨 글, 크리스티나 스와너 그림, 김선희 옮김	봄봄출판사	2014
106	꼭두와 꽃가마 타고	이윤민 글·그림	한림출판사	2013
107	무릎 딱지	샤를로트 문드리크 글, 올리비에 탈레크 그림, 이경혜 옮김	한울림어린이	2013
108	여우 나무	브리타 테켄트럽 글·그림, 김서정 옮김	봄봄출판사	2013
109	너무 울지 말아라	우치다 린타로 글, 다카스 가즈미 그림, 유문조 옮김	한림출판사	2012

110	마레에게 일어난 일	티너 모르티어르 글, 카쳐 퍼메이르 그림, 신석순 옮김	보림	2011
111	보고 싶은 엄마	레베카 콥 글·그림, 이상희 옮김	상상스쿨	2011
112	사람은 왜 죽나요?	마리 오비네 글, 아누크 리카르 당커르루 그림, 전혜영 옮김	한림출판사	2011
113	죽음의 신을 만난 나찌께따	유순희 글, 김종도 그림	을파소	2011
114	혼자 가야 해	조원희 글·그림	느림보	2011
115	후후 할아버지	카일 뮤번 글, 레이첼 드리스콜 그림, 노피너피 옮김	한국슈바이처	2011
116	마음이 아플까봐	올리버 제퍼스 글·그림, 이승숙 옮김	아름다운사람들	2010
117	씩씩해요	전미화 글·그림	사계절	2010
118	이젠 안녕	마거릿 와일드 글, 프레야 블랙우드 그림, 천미나 옮김	책과콩나무	2010
119	할아버지의 바닷속 집	히라타 겐야 글, 가토 구니오 그림, 김인호 옮김	바다어린이	2010
120	할아버지의 시계	윤재인 글, 홍성찬 그림	느림보	2010
121	곰과 작은 새	유모토 가즈미 글, 사카이 코마코 그림, 고향옥 옮김	웅진주니어	2009
122	오소리의 이별 선물	수잔 발리 글·그림, 신형건 옮김	보물창고	2009
123	나도 다 알아요	멜라니 플로리안 글·그림, 이희정 옮김	예꿈	2008
124	나비 엄마의 손길	크리스티앙 볼츠 지음, 이경혜 옮김	한울림어린이	2008

125	살아 있는 모든 것은	브라이언 멜로니 글, 로버트 잉펜 그림, 이명희 옮김	마루벌	2008
126	아빠는 언제나 내 곁에	잉거 헤르만 글, 카르메 솔 벤드렐 그림, 최진호 옮김	크레용하우스	2008
127	안녕, 니콜라	모르간 다비드 글·그림, 이재현 옮김	파랑새	2008
128	개들도 하늘나라에 가요	신시아 라일런트 글·그림, 신형건 옮김	보물창고	2007
129	내가 함께 있을게	볼프 에를부르흐 글·그림, 김경연 옮김	웅진주니어	2007
130	바람에게 전한 포옹	마샤 다이앤 아놀드·버니스 일레인 펠첼 글, 엘사 워닉 그림, 이상희 옮김	은나팔	2007
131	십장생을 찾아서	최향랑 글·그림	창비	2007
132	오래 슬퍼하지 마	글렌 링트베드 글, 샬로테 파르디 그림, 안미란 옮김	느림보	2007
133	이럴 수 있는 거야??!	페터 쉐소우 글·그림, 한미희 옮김	비룡소	2007
134	저 별에선 엄마가 보이겠지요	히구치 토모코 글·그림, 김남주 옮김	아이세움	2007
135	천국의 색연필	토요시마 카스미·코야마 미네 코 글, 마이클 그레니엣 그림, 남도현 옮김	파랑새	2007
136	하얀 소니아	후치가미 사토리노 글, 사와타리 시게오 그림, 김석희 옮김	어린이작가정 신	2007
137	남쪽의 초원 순난앵	아스트리트 린드그렌 글, 마리트 턴크비스 그림, 김상열 옮김	마루벌	2006
138	데이지의 선물	에마 치체스터 클락 글·그림, 윤지영 옮김	작은책방	2006

139	맑은 날	김용택 글, 전갑배 그림	사계절	2006
140	보스니아의 성냥팔이 소녀	안데르센 글, 조르주 르무안 그림, 최내경 옮김	마루벌	2006
141	부드러운 버드나무	조이스 밀스 글, 캐리 필로 그림, 정선심 옮김	미래아이	2006
142	죽음이란 뭘까?	이턴 보리처 지음, 낸시 포레스트 그림, 부희령 옮김	애플비	2006
143	큰고니의 하늘	테지마 케이자부로오 글·그림, 엄혜숙 옮김	창비	2006
144	할아버지의 붉은 뺨	하인츠 야니쉬 글, 알료샤 블라우 그림, 박민수 옮김	웅진주니어	2006
145	그리운 할아버지	화이트디어 오브오텀 글, 캐롤 그리그 그림, 송신화 옮김	파란자전거	2005
146	모그야, 잘가	주디스 커 글·그림, 박향주 옮김	대교출판	2005
147	빨간 스웨터	임수진 지음	베틀북	2005
148	엄마 품 같은 강	루한시우 글, 허윈쯔 그림, 박지민 옮김	베틀북	2005
149	유령이 된 할아버지	킴 푸브 오케손 글, 에바 에릭손 그림, 김영선 옮김	소년한길	2005
150	지구별에 온 손님	모디캐이 저스타인 글·그림, 신형건 옮김	보물창고	2005
151	천의 바람이 되어	아라이 만 글, 사타케 미호 그림, 노경실 옮김	새터	2005
152	보고 싶은 엄마	임은경 지음	아이올리브	2004
153	사랑해요, 할머니!	도미니크 매 글·그림, 염미희 옮김	문학동네어린이	2004

154	우리 할아버지는 106세	마츠다 모토코 글, 칸노 유키코 그림, 최진 옮김	아이세움	2004
155	잘가요, 코끼리 할아버지!	로랑스 부르기뇽 글, 발레리 되르 그림, 차현인 옮김	토마토하우스	2004
156	채마밭의 공주님	안네미 헤이만스 글, 마르그리트 헤이만스 그림, 서애경 옮김	아이세움	2004
157	내 작은 친구, 머핀!	울프 닐슨 글, 안나 클라라 티드홀름 그림, 선우미정 옮김	느림보	2003
158	내 친구 브로디	조이 카울리 글, 크리스 무스데일 그림, 김연수 옮김	베틀북	2003
159	내일은 꽃이 필 거야	티에리 르냉 글, 안느 브루이야르 그림, 윤정임 옮김	베틀북	2003
160	보고 싶어요 할머니	마리카 도래이 글·그림, 김지연 옮김	그린북	2003
161	사랑해요, 할아버지!	엘리스 알 코아키 글, 올리케 그라프 그림, 강계식 옮김	효리원	2003
162	슬플 때도 있는 거야	미셸린느 먼디 글, R. W. 앨리 그림, 노은정 옮김	비룡소	2003
163	아빠는 언제나 내 곁에 있어	잉거 헤르만 글, 카르메 솔-벤드렐 그림, 최진호 옮김	크레용하우스	2003
164	어느 일요일 오후	최내경 글, 이혜원 그림	마루벌	2003
165	위층 할머니, 아래층 할머니	토미 드 파올라 글·그림, 이미영 옮김	비룡소	2003
166	저 파란 별이 리사예요	파트릭 질송 글, 클로드 두보아 그림, 최현덕 옮김	크레용하우스	2003

167	친구야, 우리는 언제나 너를 기억한단다	아민 보이쉬어 글, 코넬리아 하스 그림, 김지연 옮김	어린이작가정신	2003
168	하얀 고양이 초롱이	에이브 번바움 글·그림, 이명희 옮김	마루벌	2003
169	굿바이 마우지	로비 H. 해리스 글, 잔오머로드 그림, 햇살과나무꾼 옮김	언어세상	2002
170	꼬마 토끼 오블라	엘즈비 에타 글·그림, 신혜정 옮김	다섯수레	2002
171	애니의 노래	미스카 마일즈 글, 피터 패놀 그림, 노경실 옮김	새터	2002
172	우리 할아버지	릴리스 노만 글, 노엘라 영 그림, 최정희 옮김	미래아이	2002
173	죽으면, 아픈 것이 나을까요?	유리 브레이바르트 글, 피트 브레이바르트 그림, 김현희 옮김	느림보	2002
174	천사의 꽃	유타 트라이버 글, 유혜자 옮김	베틀북	2002
175	할아버지의 빨간 손수건	베터 베스트라 글, 하르멘 반 스트라튼 그림, 조수경 옮김	삼성당아이	2002
176	끝없는 나무	클로드 퐁티 글·그림, 윤정임 옮김	비룡소	2001
177	넌 내 멋진 친구야	매기 스미스 지음, 김서정 옮김	중앙출판사	2001
178	별이 된 시로	이노우에 유우카 글, 요 쇼메이 그림, 장상영 옮김	태동출판사	2001
179	언제라도 만날 수 있어요	기쿠타 마리코 지음, 하늘땅별땅 옮김	베틀북	2000
180	할아버지 양복 입고 있어요?	아멜리에 프리드 지음, 유혜자 옮김	여명미디어	2000

첫 번째 애도

부모와 사별한 아동의
심리 적응 능력 향상을 위한
독서치료 프로그램

첫 번째 애도

부모와 사별한 아동의 심리 적응 능력 향상을 위한 독서치료 프로그램

1. 프로그램 목표

부모의 이혼을 경험한 아이들이 겪는 정신적·심리적 고통은 80Km 정도로 달려오는 자동차에 치인 사고에 비유되곤 한다. 그렇다면 부모와의 사별을 경험한 아동의 고통은 어느 정도나 될까? 그 깊이와 무게를 전부 알 수도 짐작할 수도 없고 개개인마다의 차이도 있겠지만 분명 이혼보다 훨씬 큰 고통일 것이다.

그런데 현 시대에는 사건 및 사고, 질병 등 다양한 원인들로 인해 이런 고통을 겪는 아동의 수가 날로 증가하고 있다. 삶의 과정 중 언제든 누구에게나 어떤 형태로든 죽음이 찾아올 수 있기 때문에 어릴 때 부모와의 사별을 겪는 것이 이상할 일은 아니지만, 아동들에게는 그 상황을 적절히 수용하고 이겨낸 뒤 다시 삶으로 복귀할 수 있는 힘이 부족하다. 따라서 아동기에는 부모와의 사별을 겪지 않는 것이 최선이겠고, 혹시 그런 일을 겪었다면 생존해 있는 부모나 가족, 이웃과 사회 전체의 도움이 반드시 필요할 것이다.

그러나 함께 죽음을 경험한 가족들도 심리·정서적으로 매우 힘든 상태일 수 있고, 결국 이런 상황은 아동들을 시기적절하게 챙길 수 없는 결과로 이어질 수 있다. 이에 본 프로그램은 사회적 측면에서 부모와 사별한 아동의 심리 적응 능력 향상을 돕는데 목표를 두고 있다.

2. 프로그램 구성

본 프로그램은 총 12세션으로 구성되었다. 프로그램의 흐름은 신뢰감과 친밀감 형성을 위한 소개와 마음열기로부터 시작해 사별 경험의 공유, 각자가 갖고 있는 감정을 인식하고 표현하기, 사별 과정과 부모에 대한 기억을 떠올려 정리하기, 이별 수용을 위한 애도하기, 그리고 여러모로 힘든 자기 자신을 위로할 수 있도록 한다. 이어서 모든 것을 가족과 함께 나누며 회복하고 성장할 수 있는 장을 만들어 결국 심리 적응 능력을 향상시켜 자신의 삶에 적응해 살아갈 수 있도록 돕는데 목표가 있다. 따라서 문학작품은 심리·정서적 어려움을 겪고 있는 것만으로도 읽기 능력을 제대로 발휘하기 어려울 수 있다는 참여자들의 상태와, 각 세션별 세부목표도 고려해 참여자들이 읽는데 어려움이 없을 그림책과 시, 영상 등 짧은 것을 위주로 선택하였다. 그래서 미리 읽어오지 않고 프로그램에 참여하면 치료사가 읽어주거나 함께 읽으며 치료적 정보를 통해 통찰에 이를 수 있도록 돕고자 하였다. 나아가 관련 활동 역시 세부목표와 선정한 문학작품과의 연관성을 고려하면서 참여자들이 부담감 대신 안전함을 느끼며 참여할 수 있는 것들로 선정을 했다. 본 프로그램은 10명 내외의 집단을 위해 구성한 것이기 때문에 세션 당 운영 시간은 2시간(120분)이다. 하지만 활동을 수정하면 개인에게도 적용할 수 있을 것이다. 구체적인 프로그램 계획은 다음의 〈표 3〉과 같다.

〈표 3〉 부모와 사별한 아동의 심리 적응 능력 향상을 위한 독서치료 프로그램 계획

세션	세부목표	문학작품	관련 활동
1	프로그램 소개 및 마음 열기	도서 : 우리가 사라지면 어디로 갈까?	프로그램 소개, 나의 약속, 자기 소개하기 – 내가 잃어버린 것
2	경험의 공유	도서 : 아빠 바다	사별 경험 나누기를 통한 친밀감 형성
3	감정 인식과 표현	도서 : 엄마가 유령이 되었어!	감정 단어 카드 고르기, 빈 의자에 털어놓은 감정
4	사별 과정 떠올리기	도서 : 노랑의 이름	단어 잇기로 표현한 사별 과정
5	기억 정리하기	도서 : 함께한 시간을 기억해	사진 혹은 물건을 통한 회상 대화 나누기
6	이별 수용하기	동시 : 가장 받고 싶은 상	모방 시 쓰기
7	애도하기 1	도서 : 언제나 네 곁에 시 : 나는 안 운다	내게 남겨진 말 내가 전하고 싶은 말
8	애도하기 2	도서 : 아빠 나무	아이비 화분 심기
9	나 위로하기	도서 : 영원한 이별	바람에 띄우는 하늘 편지 (연에 편지 써서 날려 보내기)
10	가족과 함께 나누기	도서 : 채마밭의 공주님	손가락 인형을 활용한 이야기 회전목마
11	회복하기	도서 : 서서 자는 사람	사바아사나 요가를 통해 재충전하기
12	성장하기	도서 : 무릎 딱지	마음 밴드 만들기, 참여 소감 나누기

1세션

1) 세부목표 : 프로그램 소개 및 마음 열기

관형사인 우리말 '첫'은 '맨 처음의'의 뜻을 갖고 있다. 따라서 '첫 단추를 끼우다.'라고 하면 가장 위에 있는 첫 번째 단추를 끼운다는 뜻도 있지만, 관용구로 '새로운 일을 시작하다.'라는 의미로도 활용된다.

1세션은 치료사와 참여자들 간 첫 만남의 장이다. 따라서 서로에게 설렘과 긴장, 기대와 걱정이 함께 있다. 그러므로 치료사는 긴장과 걱정을 하고 있을 참여자들을 편안하게 맞이하며 열심히 참여했을 때 분명 모두에게 도움 되는 시간이 될 것이라는 믿음을 주어야 한다. 마치 다음의 동시가 전해주는 의미처럼 말이다.

모두들 처음엔 – 이안

대추나무도 처음엔 처음 해 보는 일이라서
꽃도 시원찮고 열매도 볼 게 없었다

암탉도 처음엔 처음 해 보는 일이라서
횃대에도 못 오르고 알도 작게만 낳았다

모두들 처음엔 처음 해 보는 일이라서
조금씩 시원찮고 조금씩 서투르지만

어느새 대추나무는 내 키보다 키가 크고
암탉은 일곱 식구 거느린 힘센 어미닭이 되었다

『고양이와 통한 날 / 이안 지음, 김세현 그림 / 문학동네 / 2016』

2) 문학작품

도서 : 우리가 사라지면 어디로 갈까? / 이자벨 미뇨스 마르띵스 글, 마달레나 마또주 그림, 송필환 옮김 / 북뱅크 / 2019

'고전(古典)'은 예전에 쓰인 작품이지만 시대가 바뀌었어도 변함없이 읽을 만한 가치를 지니고 있어 많은 사람들에게 읽히는 것들을 통틀어 이르는 말이다. 이렇듯 오랜 기간 읽힐 수 있는 이유는 담고 있는 주제가 '삶이란 무엇인가?', '죽음이란 무엇인가?', '사랑이란 무엇인가?'와 같이 예나 지금이나, 나아가 미래에도 살아 있는 사람이라면 살아가는 동안 고민할 것들이기 때문이다. 그러나 안타까운 점은 오랜 기간 동안 많은 사람들이 고민에 고민을 거듭해 정답을 찾고자 했으나, 그 답을 정확히 아는 사람도 명확하게 설명할 수 있는 사람도 없다는 것이다.

이 책 '우리가 사라지면 어디로 갈까?'는 죽음을 소재로 하고 있다. '죽음'은 생물의 생명이 없어지는 현상을 가리키는 일반 용어로, 사람만이 아니라 동물 나아가 사물에게도 사용할 수 있는 단어이다. 그래서인지 이 책은 죽음을 잃어버린 양말이 어디로 가는 것인지, 증발해 구름이 되는 웅덩이의 물과 같은 것인지 등의 비유를 통해 다른 관점에서 생각해 볼 수 있는 기회를 제공해 준다. 더불어 자연의 일부인 사람도 당연히 사라질 것이라는 명제를 다시금 일깨워주는 것은 물론이며, 끝은 동시에 시작이라는 점도 알려준다.

따라서 첫 번째 세션의 문학작품으로 이 그림책을 선정한 이유는 죽음이라는 끝에 대해 이야기를 시작하는 날이기 때문이다.

3) 관련 활동

① 프로그램 소개

본 프로그램은 독서치료라는 방법을 통해 부모와 사별한 아동의 심리적 적응 능력을 향상시켜 주는데 목적이 있다. 그렇지만 참여 대상이 아동이기 때문에 방법과 목표를 정확히 설명해도 이해가 어려울 수 있다. 따라서 그 부분보다는 매 시간 그림책을 읽어주고 함께 이야기를 나눈 뒤 글쓰기, 미술, 연극이나 놀이 등의 활동을 통해 부정적인 감정이 쌓여 있다면 해소해 주어 보다 밝고 씩씩하게 살아갈 수 있도록 돕기 위한 프로그램이라고 설명을 해주면 좋겠다. 더불어 매 세션이 진행되는 요일 및 시간 숙지는 중요하기 때문에 반드시 고지할 필요도 있다.

② 나의 약속

본 활동은 집단 서약서를 작성하는 것이다. 즉, 집단 독서치료 프로그램에 참여하며 자신은 물론 서로에게 위해를 가하지 않으면서 유익할 수 있도록 필요한 규칙을 정하고, 그것들을 잘 지키겠다는 약속을 하는 것이다. 프로그램 목표와 참여 대상에 따라 내용은 수정 및 보완할 수 있으며, 활동지는 〈관련 활동 1-1〉에 제시했다.

③ 자기 소개하기 - 내가 잃어버린 것

매년 여러 대상을 위한 집단 독서치료 프로그램을 계획 및 운영하다 보면, 첫 세션에서 자기 소개하기를 어떻게 나눌 것인가 고민이 된다. 왜냐하면 집단 참여자들에게는 처음으로 자신의 일면을 여러 사람들 앞에 드러내야 하는 부담을 갖고 있고, 치료사에게는 이 기회를 통해 많은 정보를 얻어야 하기 때문이다. 따라서 참여자들이 부담스럽거나 어렵지 않으면서, 선정한 문학작품의 내용과도 부응할 수 있는 자기소개 방법을 택해야 하는데, 이 프로그램에서는 '내가 잃어버린 것'을 정리해 보고 함께 나누는 것으로 대체하고자 한다. 이유는 문학작품이 주었던 메시지와 마찬가지로 사람만이 아니라 동물, 사물에 이르기까지 모든 것들은 결국 죽을 수밖에 없는데, 첫 만남부터 죽음을 직접적으로 언급하기 보다는 잃어버렸거나 쓸모를 다해 버리게 된 물건들로 이야기를 시작하면, 평소의 취향과 애착 대상을 알 수 있고 더불어 감정까지 엿볼 수 있을 것이기 때문이다. 이 활동을 위한 활동지는 〈관련 활동 1-2〉에 제시했다.

| 관련 활동 1-1 |

나의 약속

나는 이 프로그램에 참여하는 동안 다음과 같은 약속을 잘 지킬 것입니다.
그래서 나는 물론이고 다른 참여자들에게도 도움이 될 수 있도록 할 것입니다.

1. 매 세션마다 참석하겠습니다.

2. 하고 싶은 이야기를 언제든 하겠습니다.

3. 다른 사람의 이야기를 경청하겠습니다.

4. 활동에 열심히 참여하겠습니다.

5. 치료사 선생님의 요청이 있을 때 용기를 내어 응하겠습니다.

참여자 : ○○○ (사인)

| 관련 활동 1-2 |

자기 소개하기 : 내가 잃어버린 것

여러분들은 그동안 어떤 것들을 잃어버렸나요?
잃어버린 것들 가운데 기억에 남는 것들을 중심으로 빈 칸을 채운 뒤,
그 내용을 통해 자기소개를 해봅시다.

나는 그동안
과/와
과/와
과/와
과/와
과/와
과/와
과/와
과/와
을/를 잃어버린 ○○○입니다.

2세션

1) 세부목표 : 경험의 공유

사랑하는 대상을 상실하는 일이 혼자서 짊어져야할 사소한 일이 아니며, “다른 사람들도 또한 애도하고 있다는 것을 알게 되면” 고통을 처리하는 과정은 훨씬 수월해진다.[28)]

사실 애도란 본연적으로 대상의 상실이라는 아픔을 통하여 인간이 서로에게 얼마나 밀접하게 관계되어 있는지를 깨닫는 경험이며, 또한 운명 앞에서 나약할 수밖에 없는 인간들은 서로에게 의존할 수밖에 없다는 점을 깨닫게 하는 기회이기도 하다. 비록 대상을 잃은 상실감이 매우 크더라도, “상실을 공유하고 있다는 의식과 그것에서 비롯되는 슬픔과 고통의 공감”[29)]이라는 관계가 형성된다.

따라서 두 번째 세션에서는 집단 독서치료 프로그램이라는 특성을 살려, 참여자들의 사별 경험을 공유하고 함께 애도를 시작할 수 있는 분위기를 조성해 보는데 목표가 있다. 다른 참여자들 또한 나와 마찬가지로 사랑하는 부모와 사별을 했기에 매우 슬픈 상태라는 사실은 집단 애도를 가능하게 해줄 것이다.

2) 문학작품

도서 : 아빠 바다 / 조경숙 글, 이수연 그림 / 청어람미디어 / 2020

바닷가 근처에서 민박집을 운영하는 동해네 가족은 할머니와 엄마뿐이다. 왜냐하면 동해가 5살 때 아빠가 돌아가셨기 때문이다. 서울에서 바다를 보러 가족과 함께 놀러

28) 대리언 리더 지음, 우달임 옮김. 2011.『우리는 왜 우울할까 : 멜랑콜리로 읽는 우울증의 심리학』. 서울: 동녘사이언스. pp. 88-89.

29) 오봉희. 2015. 미국의 9/11 애도 작업에 관한 고찰 : 9/11 추모관 건립과 테러와의 전쟁을 중심으로.『비교문화연구』, Vol. 38: p. 92.

온 정민이, 동해는 정민이에게 바다 구경을 시켜주면서 아빠 이야기를 한다. 손만 내밀면 닿을 것 같은 바다처럼 늘 가까이에 있을 것 같은 아빠, 하지만 너비와 깊이를 알 수 없는 바다처럼 보이지 않는 아빠에 대한 그리움을 느낄 수 있는 이야기이다.

두 번째 세션을 위해 이 문학작품을 선정한 이유는 '바다'라는 대상이 동해에게는 아빠를 떠올릴 수 있는 매개 역할을 해주기 때문이다. 이와 같은 구성은 분명 이 프로그램에 참여한 아동들에게도 사별한 부모와의 추억을 회상하고, 이야기를 통해 그 경험을 공유하는데 도움을 줄 것이다.

3) 관련 활동

① 사별 경험 나누기를 통한 친밀감 형성

이 활동은 제목 그대로 각자가 겪은 사별 경험을 나누는 것이다. 이미 첫 세션에서 '내가 잃어버린 것' 활동 시 부모와의 사별이 포함되어 있어 이야기가 반복될 가능성이 높지만, 차이점이라면 자기소개 측면에서는 간략히 언급만 했을 내용을 사별 과정을 중심으로 조금 더 구체적으로 나눈다는 것이다. 이 활동을 할 때 주의할 점은 참여 아동들마다 부모와 사별한 시기가 다를 테고, 애도 작업의 유무에 따라서도 심리·정서적 상태가 다를 것이므로, 준비가 된 사람만 공개할 수 있는 범위 내에서 이야기를 해야 한다는 것을 강조하는 것이다.

3세션

1) 세부목표 : 감정 인식과 표현

한 개인이 애착을 가지고 있는 대상의 죽음을 경험하게 되면, 그 사람을 둘러싼 세상이 다르게 느껴지는 등 사별 이후에 복잡한 감정을 느끼게 되는데, 이때에 느끼는 상실감을 비롯한 일련의 감정들을 '사별 슬픔(grief)'이라고 한다.[30] 이와 같은 사별 슬픔은 비단 정서적이며 심리적인 증상만을 동반하는 것이 아니며, 여러 측면에서의 반응을 유발할 수 있다. 슬픔이 신체화 증상으로 나타날 수 있으며, 부적응적 문제가 관계와 학업 등에서 나타날 수 있다. 또한 부정적 정서로 인한 인지적 회피나 혼돈을 초래할 수도 있다.[31]

특히 아동의 경우 아직 온전하게 자아정체감을 확립하지 못하였을 가능성이 높고, 사별의 대상이 부모일 경우에 아동이 아직 부모와의 애착 관계를 형성하며 분화와 동일시를 끊임없이 반복하는 과정 중에 있을 수 있기 때문에, 적응을 위한 내적 자원이 충분하지 못하다. 애착을 형성하는 중요한 시기에 아동으로부터 애착 대상이 사라져 그 상실감이 더 클 수 있기 때문이다.[32] 이 과정에서 아동은 감당할 수 없는 감정에 몰입하여 스트레스 상황에서 스스로 다시 외적 관계로 관점을 전환하는 것에 어려움이 있다. 그러므로 아동의 경우 남은 부모와 주변의 양육자를 대체할 수 있는 어른이 아동의 감정 표출과 적응을 도울 필요가 있다.[33]

30) 정인순. 2008.『호스피스 환자 사별 가족의 사별 슬픔에 영향을 미치는 요인』. 석사학위논문. 이화여자대학교 사회복지대학원.

31) 박소은. 2015.『부(父) 사별을 경험한 자녀의 미술치료 사례연구 : 애도과정을 중심으로』. 석사학위논문. 한양대학교 교육대학원. p. 11.

32) 오정윤. 2013.『모(母)와 사별한 아동을 위한 미술치료 사례연구 : 애도과정 중심으로』. 석사학위논문. 명지대학교 사회교육대학원.

33) 박소은. 2015. 앞의 논문. p. 13.

그러나 아동들은 어떤 감정을 인식했다고 해도 그것을 적정한 말로 표현하는 것에 한계가 있을 수 있다. 따라서 우선 다양한 감정들에 대해 알려주고 난 뒤 적정한 것을 골라서 표현하게 할 필요가 있다.

2) 문학작품

도서 : 엄마가 유령이 되었어! / 노부미 글·그림, 이기웅 옮김 / 길벗어린이 / 2016

이 책의 주인공은 자동차 사고로 엄마를 잃은 건이다. 건이는 이제 엄마가 대충 만든 음식을 먹을 수 없고, 백 번쯤 했던 거짓말들에 대해 사과할 수 없다는 사실에 슬프다. 하지만 밤 열두 시가 넘어 유령이 된 엄마를 만나고 그동안 하지 못했던 이야기를 나눈 뒤 씩씩하게 잘 지내보겠다는 다짐을 한다.

세 번째 세션을 위해 이 문학작품을 선정한 이유는 참여자들이 갑자기 엄마와 사별을 하게 된 건이의 감정을 동일시 할 수 있을 것이라 여겼기 때문이다. 비록 건이가 5세 아동으로 설정되어 있어 감정 표현이 제한적이지만, 집단에 참여한 아동들은 자신이 느끼는 감정에 집중할 수 있을 것이다.

3) 관련 활동

① 감정 단어 카드 고르기

휴독서치료연구소에서는 2017년에 '이야기 카드'를 개발해 제작한 바가 있다. 이 안에는 이야기(그림책, 소설책 등)에 등장하는 인물 카드가 60장(뒷면은 색깔 카드), 감정 단어 카드가 60장(뒷면은 감정 표정 카드), 독서치료 발문 카드가 9장, 마지막으로 선물 세트가 20개 들어 있으며, 활용은 등장인물 카드-감정 단어 카드-선물 세트의 순서이다. 이 가운데 감정 단어 카드에 담긴 60개의 단어는 400개가 넘는 우리말 감정 단어를 긍정과 부정의 측면으로 나눈 뒤 각각 30개씩을 선별한 것이다. 다음 그림은 감정 단어 카드의 일부이다.

기쁘다	신난다
두렵다	약이 오른다

따라서 '감정 단어 카드 고르기' 활동은 이상과 같은 감정 단어 카드를 책상 위에 펼쳐 놓은 뒤, 각 참여 아동들이 느낀 감정에 알맞은 것을 고르게 하고, 이어서 그 감정을 중심으로 이야기를 나누는 것이다. 이때 다른 참여 아동이 내가 고르고 싶었던 카드를 선점했다면, 이야기가 끝난 뒤 그 카드를 건네받아 자신의 이야기를 이어갈 수 있도록 하면 된다. 또한 만약 적정한 단어가 없다면 자신이 직접 해당 감정을 이야기 하면 되며, '이야기 카드'가 준비되어 있지 않다면 다른 카드로 대체를 해도 되고, 또는 감정 표정이 부각되는 그림을 활용해도 된다.

② 빈 의자에 털어놓은 감정

이번 세션을 위한 선정한 그림책 '엄마가 유령이 되었어!'에는 사별한 엄마에게 편지를 쓸 수 있는 활동지가 포함되어 있다. 따라서 편지를 쓴 뒤 빈 의자에 사별한 부모가 앉아 계시다는 가정 하에 그 내용을 읽는 것도 좋겠다. 하지만 그럴만한 여건이 안 된다면 앞서 고른 감정 카드에 대한 이야기를 '빈 의자 기법'에 적용해도 되겠다. '빈 의자 기법(Empty Chair Technic)'은 현재의 치료 장면에 와 있지 않은 사람과 관련된 사건을 다룰 때 많이 사용되는 방법이며, 특정 인물이 빈 의자에 앉아 있다고 생각하고 하고 싶은 말을 하도록 하는 방법으로 게슈탈트 치료에 의해 널리 알려지게 되었다.

4세션

1) 세부목표 : 사별 과정 떠올리기

스위스 출신이면서 미국의 정신과 의사이자 임종 연구(near-death studies) 분야의 개척자이며 『죽음과 임종에 관하여(On Death and Dying)』를 출판했던 엘리자베스 퀴블러-로스(Elisabeth Kübler-Ross)는, 죽음을 수용하기까지 분노의 5 단계(five stages of grief) 이론을 처음으로 논의한 인물이다. 그녀는 한 사람이 어떤 죽음을 맞느냐에 따라 다를 수 있지만 일반적으로 다음과 같은 5단계의 심리적 수용 과정을 거친다고 했다. 이 내용은 앞서 이미 소개를 했지만 다른 표현으로 다시 한 번 정리해 보았다.

① **부정(Denial)의 단계** : 이 단계는 자신이 죽을 것이라는 사실을 부정하면서 향후 찾아올 죽음의 충격에 대해 완충을 하는 단계이다. 부정의 단계는 죽음이란 현실에 대해 고통을 덜 느끼도록 충분한 시간을 주어 부정과 거부의 단계를 잘 넘기도록 이끌어 주는 효과가 있다.

② **분노(Anger)의 단계** : 이 단계는 자신이 곧 죽을 수밖에 없다는 점에 대해 분노가 치밀어, 그 공격적인 화살이 타인을 향할 수 있다. 따라서 이 단계에서는 주변의 누군가가 분노를 표출할 수 있도록 이야기를 들어주는 수용적인 태도가 필요하다.

③ **타협(Bargaining)의 단계** : 이 단계는 자신의 죽음을 뒤로 미루고 싶어 운명이나 신과 타협하게 된다. 따라서 이 단계에서는 죽음을 앞둔 사람 미성숙한 행동을 보이더라도 함부로 판단하지 않는 것이 중요하다.

④ **우울(Depression)의 단계** : 이 단계에서는 죽음으로 인해 자신이 상실되는 것이 안타까워 불안이나 슬픔과 같은 감정을 내보일 수 있다. 이는 자신의 죽음을 수용하기 위한 감정적 준비 상태이니 그것을 방해해서는 안 된다.

⑤ **수용(Acceptance)의 단계** : 이 단계에서는 비로소 자신의 죽음을 평온하게 받아들이기 때문에, 이별에 앞서 가족이나 지인 등 사랑했던 사람과 함께 있도록 배려한다.

이상에서 살펴본 바와 같이 죽음을 앞둔 사람들도 다섯 단계에 걸쳐 심리적 수용 과정을 거치기 때문에, 사별을 하는 사람들에게도 이와 비슷한 단계의 심리·정서적 과정이 일어날 것이다. 다음은 사별을 수용하는 과정을 단계별로 정리한 것이다.

① **회피 단계** : 이 단계는 사별로 인한 충격으로 실신하거나 숨을 쉬기도 어렵고 비명을 지르는 등의 상태라고 할 수 있다. 이 과정은 이후 슬픔조차도 느끼지 못한 채 멍한 상태로 이어질 수 있다. 따라서 이때에는 고인에 대한 추모를 통해 슬픔을 충분히 표출할 수 있도록 하고, 가족이나 지인 등 주변 사람들이 함께 해줄 필요가 있다.

② **직면 단계** : 이 단계는 장례식이나 애도 행사 등이 모두 끝나고 가족 혹은 자신만 남겨졌을 때 비로소 죽음을 실감하는 것으로, 고통스러운 현실을 스스로 직시하며 받아들여야 하는 때이다. 따라서 이때에는 고인을 추억하며 일상생활을 영위하되 너무 힘들면 지지모임에 참석해 도움을 받는 것도 좋다.

③ **적응 및 성숙 단계** : 개인차가 있지만 사별 후 2-3년 정도가 지나면 사별로 인한 고통이 점차 감소하면서 회복의 시기에 접어든다. 즉, 이때부터는 슬픔의 강도가 크지 않고 내면에도 힘이 생겨 일상생활에 잘 적응하며 성숙해 나갈 수 있게 된다.

4세션의 세부목표는 '사별 과정 떠올리기'이다. 참여한 모든 아동은 물론이고 사랑하는 사람과 사별을 겪은 이들에게는 힘든 과정이겠지만, 망자를 회상하며 사별을 수용하고 애도하는 것은 참여자들에게 도움을 줄 것이다.

2) 문학작품

도서 : 노랑의 이름 / 김영화 글·그림 / 낮은산 / 2020

노을이 붉게 물드는 저녁 무렵, 아버지는 콩밭에서 허물어진 밭담을 다시 쌓느라 바쁜데, 꽃을 좋아하는 아이는 들판에 핀 꽃들을 보느라 잡초 뽑는 일은 뒷전이다. 날이 어두워져서야 집으로 돌아가는 길, 불빛 하나 없는 숲길은 깜깜하고 무서워 아이는 얼른 쫓아가 아버지의 크고 따뜻한 손을 잡는다. 아버지는 막내딸이 예쁘다고 했던 노란 꽃을 캐다가 마당에 심어 주면서, 내년부터는 우리 집 마당에도 노란 꽃이 필 거라고 말한다. 드디어 아버지가 심어 준 꽃은 활짝 피었는데, 아버지는 돌아가시고 안 계시다. 그래서 아이는 노란 꽃을 쳐다보거나 이름을 부르지 못한다.

작가의 자전적 이야기라는 이 그림책은 어린 시절 아빠와의 추억이 담겨 있다. 비록 사별의 과정이 상세히 나와 있지는 않지만, 오랜 동안 노란 꽃을 보거나 이름을 부르지 못했다는 점에서 상실의 아픔이 내면에 중첩되어 있다는 것을 알 수 있다. 따라서 향후 아이가 노란 꽃의 이름을 부를 수 있게 되었다는 점을 이야기 치료에서의 외재화(externalization)라고 본다면 매우 중요한 변화라고 할 수 있다.

따라서 이번 세션에 이 그림책을 선정한 이유는 참여 아동들이 사별 과정을 떠올리는 이야기 과정 속에서 외재화를 할 수 있도록 돕기 위해서이다.

3) 관련 활동

① 단어 잇기로 표현한 사별 과정

플래시 카드(flashcard)는 그림과 글자 등이 적혀 있어 단어 암기 등 학습을 위해 사용되는 카드를 칭한다. '단어 잇기로 표현한 사별 과정' 활동은 단어가 적혀 있는 카드를 연결해 놓고 기억을 떠올려 그 과정을 완성하는 것으로, 이 활동을 위해 지정된 카드나 단어가 있는 것은 아니다. 따라서 짐작해서 준비한 카드만으로 참여 아동들의 이야기를 충분히 이끌어 낼 수 없기 때문에, 명함 크기 종이와 펜을 준비해 나누어준 다음 직접 단어를 작성해 보게 하는 것이 좋겠다. 이때 종이는 개인 당 5장 내외로 배부해서 사별 과정을 핵심 단어 중심으로 간결하게 정리한 뒤 함께 이야기 나눌 수 있도록 하면 좋겠다.

5세션

1) 세부목표 : 기억 정리하기

『기억의 끈 / 이브 번팅 글, 테드 랜드 그림, 신혜은 옮김 / 사계절』이라는 그림책이 있다. 이 책에는 아빠와 돌아가신 엄마를 대신한 새엄마와 함께 살고 있는 로라가 등장하는데, 로라에게는 증조할머니, 할머니, 엄마의 기억이 담긴 단추들을 꿰어 엮은 끈이 있다. 그런데 그만 실수로 끈이 끊어지면서 단추가 마당 곳곳으로 흩어져버려 7개를 잃어버리고 만다. 그러자 아빠는 대충 비슷한 걸로 대체를 하자고 하지만, 새엄마 제인은 "그건 마치 엄마처럼 그 어떤 것으로도 대신할 수 없는 거예요."라고 말하면서 늦은 밤까지 단추들을 찾는다.

이번 세션의 목표는 '기억 정리하기'이다. 여기서의 정리는 영영 잊어버리기 위함이 아니라 좋았던 것들을 선별해 더 오래 남기기 위한 작업을 뜻한다. 그렇게 할 수 있으려면 로라의 증조할머니, 할머니, 엄마가 자신들의 이야기를 단추에 담아 끈으로 꿰어 놓은 것처럼, 부모님과의 경험들 가운데 장기 기억(long-term memory)될 것들을 떠올린 뒤 정리를 해야 한다. 5세션에서는 참여 아동들이 그 작업을 할 수 있도록 돕는데 목표가 있다.

2) 문학작품

도서 : 함께한 시간을 기억해 / 재키 아주아 크레이머 글, 신디 더비 그림, 박소연 옮김 / 달리 / 2020

"함께한 시간을 기억해." 이 말은 사랑하는 엄마의 죽음을 겪은 소년을 위로하던 상상 속 고릴라가 해준 말이다. 그러자 소년은 잠들기 전 다정한 목소리로 책을 읽어 주던 엄마, 폭신한 팬케이크를 만들어 주던 엄마, 함께 캐치볼을 해주던 엄마, 정원에서 데이지 꽃을 가꾸던 엄마의 모습을 떠올린다.

5세션을 위해 선정한 그림책인 '함께한 시간을 기억해'는 주인공 소년을 통해 엄마와 함께했던 시간들, 그 기억들이 살아남은 사람들에게 살아낼 힘과 용기를 주는 큰 선물이라는 것을 알게 해준다. 따라서 세부목표와 부합되기 때문에 선정했다.

3) 관련 활동

① 사진 혹은 물건을 통한 회상 대화 나누기

사진치료(phototherapy)라는 분야가 있다. 이 분야는 사진 촬영이나 현상, 인화 등 사진 창작 활동을 매개로 내담자 및 참여자들의 심리적 고통을 경감시켜 성장과 치료적 변화를 꾀하는 상담치료 접근법이다. 사진치료의 초기 단계에서는 주로 내담자 및 참여자들이 갖고 있는 기존 사진들을 활용하여, 여러 가지 기억, 감정, 사고 등을 이야기하는 것으로 시작된다. 이 단계에서 활용되는 사진은 내담자 및 참여자가 포함되어 있는 것으로, 자신의 내면의 정서가 많이 읽히는 사진, 자신의 신념이 표현된 사진, 자신의 태도가 분명한 사진 등을 선택하게 되는데, 이 세션에서는 참여 아동들이 고인이 된 부모님과의 기억을 떠올려야 하기 때문에 부모님과 아동이 함께 포함되어 있는 사진을 선택해 오도록 해야 한다. 더불어 치료사는 사진을 챙겨오지 않는 참여 아동들을 위해 다음과 같은 사진들을 몇 장 미리 준비해 둘 필요도 있다.

6세션

1) 세부목표 : 이별 수용하기

원하지 않은 사람에게 수동적으로(스스로 움직이지 않고 다른 것의 작용을 받아 움직이는 것) 찾아온 이별을, 능동적으로(다른 것에 이끌리지 아니하고 스스로 일으키거나 움직이는 것) 수용해야 한다는 것은 굉장히 힘든 일이다. 왜냐하면 그 이별이 수동적이었든 능동적이었든 결국 상처를 남기기 때문인데, 게다가 수동적이자 불가항력적이라면 그 힘듦은 몇 배였을 것이다.

그럼에도 인간은 환경에 적응하는 동물이라고 하지 않았던가. 시간이 약이라고 하지 않던가. 그러므로 유수와 같이 흐르는 시간 속에 결국 적응을 해낼 것이다. 다만 조금 더 능동적으로 빠른 시간 내에 해내느냐 그렇지 못하느냐의 차이는 있을 것이고, 만약 후자라면 힘듦 또한 더 클 것이다.

따라서 이번 세션에는 참여 아동들이 부모님의 죽음으로 인한 이별을 수용할 수 있도록 돕는데 목표가 있다.

2) 문학작품

동시 : 가장 받고 싶은 상 / 우덕초등학교 6학년 1반 이슬

평소 인터넷 서핑을 즐겨하던 필자에게 어느 날 이 동시가 담긴 기사가 눈에 띄었다. 제목만 봤을 때는 '초등학생이 공부 등의 재능으로 어떤 상을 받고 싶은가보다'라고 생각했는데, 내용을 읽어보고 깜짝 놀랄 수밖에 없었다. 왜냐하면 이슬이가 받고 싶은 상은 이제는 절대 받을 수 없는 엄마의 밥상이었기 때문이었다. 받을 때는 그 감사함을 몰랐다가 뒤늦게 알게 된 엄마의 사랑과 정성, 그리고 그리움에 대한 동시의 전문은 〈문학작품 5-1〉에 옮겨 놓았다.

3) 관련 활동

① 모방 시 쓰기

모방 시 쓰기는 다른 사람이 쓴 시를 모방해서 자신의 이야기를 담아 쓰는 시를 뜻한다. 따라서 이번 세션의 선정 문학작품인 동시 '가장 받고 싶은 상'을 읽고 발문을 통해 이야기를 나눈 뒤, 아동 각자의 이야기를 담아 시를 써보게 하면 된다. 모방 시를 쓸 때 중요한 점은 자신의 이야기를 담는 것이지 분량이나 형식, 글씨가 아니다. 그러므로 참여 아동들에게 부담이 되지 않는 선에서 자유롭게 써볼 것을 권하면 좋겠다.

| 문학작품 5-1 |

가장 받고 싶은 상

- 우덕초등학교 6학년 1반 이슬 -

아무 것도 하지 않아도
짜증섞인 투정에도
어김없이 차려지는
당연하게 생각되는
그런 상

하루에 세 번이나
받을 수 있는 상
아침상 점심상 저녁상

받아도 감사하다는
말 한마디 안 해도
되는 그런 상
그때는 왜 몰랐을까?
그때는 왜 못 보았을까?
그 상을 내시던
주름진 엄마의 손을

그때는 왜 잡아주지 못했을까?
감사하다는 말 한마디
꺼내지 못했을까?

이제 제가 엄마에게
상을 차려드릴게요.
엄마가 좋아했던
반찬들로만
한 가득 담을게요.

하지만 아직도 그리운
엄마의 밥상
이제 다시 못 받을
세상에서 가장 받고 싶은
울 엄마 얼굴(상)

7세션

1) 세부목표 : 애도하기 1

앞서 필자는 여러 학자들이 정리한 애도의 과정을 제시했다. 그 과정들은 대동소이했는데 문제는 그 모든 것들이 주관적인 작용이라는 것이다. 따라서 그 과정을 다 거쳤다고 해서 실질적으로 애도가 된 것인지 그렇지 않은 것인지에 대해서는 자신밖에 모른다. 그럼에도 대부분의 사람들은 애도 과정을 모르기 때문에 여전히 사별로 인한 상실의 고통에서 벗어나지 못한 상태일 수도 있다. 따라서 이 프로그램에 참여한 아동들 역시 충분한 애도를 원했기 때문에 집단 독서치료 프로그램에 찾아오게 되었다는 전제 하에, 두 번의 세션에 걸쳐 애도 작업을 돕고자 한다.

2) 문학작품

① 도서 : 언제나 네 곁에 / 이루리 글, 엠마누엘레 베르토시 그림 / 북극곰 / 2020

몸이 멀어지면 자연스럽게 마음도 멀어진다고 한다. 그렇다면 누군가 사별을 했을 때에도 몸이라는 실체가 사라지기 때문에 자연스럽게 마음까지 멀어지는 걸까? 아마 반드시 그렇지는 않은 것 같다. 대상에 따라 관계에 따라 멀어지거나 잊히는 경우도 있겠지만, 각인이 되어 평생 잊지 않을 수도 있다.

7세션을 위해 선정한 문학작품은 그림책 '언제나 네 곁에'이다. 이 책의 주인공인 아기 곰 코다도 엄마를 잃었다. 따라서 코다는 까만 코를 가려주거나 따뜻한 입김을 불어줄 대상이 없어 슬프다. 그럼에도 엄마가 남긴 "언제나 네 곁에 있을 거야."라는 말을 믿었더니 무엇을 하든 함께 있고 자신을 지켜준다는 생각이 든다.

애도는 떠올리고 표현하며 기억으로 체화시키는 것이라는 생각이 든다. 따라서 이번 세션에는 말을 중심으로 표현을 도울 것이므로 이 그림책을 선정했다.

② 시 : 나는 안 운다

슬픔이 너무 크면 오히려 눈물이 나오지 않는다고 한다. 이 또한 어쩔 수 없는 현상이지만, 그렇다고 나오는 눈물을 억지로 참거나 막을 필요는 없다. 슬프면 슬픈 대로 눈물이 나오면 나오는 대로 흘리는 것이 감정의 순리이니까.

그런 맥락에서 봤을 때 이 시는 읽는 사람들로 하여금 제목에서부터 더 큰 슬픔을 유발한다. 왜냐하면 충분히 슬프고 눈물도 나올 것 같은데 참고 있는 것처럼 느껴지기 때문이다. 따라서 7세션을 위한 두 번째 문학작품으로 이 시를 선정한 이유는, 여치, 귀뚜라미, 지렁이, 개구리, 소쩍새가 어떤 이유로 우는지는 모르지만, 나 또한 울 만한 일이 있다면 울어도 된다는 점, 그래야 슬픔도 정화가 된다는 점을 이야기 해주고 싶었기 때문이다. 시의 전문은 〈문학작품 7-1〉에 수록했다.

3) 관련 활동

① 내게 남겨진 말 내가 전하고 싶은 말

임종을 지키지 못한 사람들은 평생 동안 그게 한이 된다고 하고, 유언을 듣지 못한 사람들은 또 그 점이 아쉽다고 말한다. '내게 남겨진 말 내가 전하고 싶은 말' 활동은 부모님이 돌아가시기 전 남긴 말씀이 있는지에 대해, 더불어 하고 싶었으나 끝내 전하지 못한 말이 있는지에 대해 이야기로 나누어 보기 위한 것이다.

이 활동은 활동지를 배부하지 않고 생각을 정리한 뒤 이야기로 연결할 수도 있지만, 간결하면서도 원활한 흐름을 원한다면 〈관련 활동 7-1〉에 제시한 양식처럼 활동지를 만드는 것도 괜찮은 시도가 될 것이다.

| 문학작품 7-1 |

나는 안 운다

– 김용택 –

여치가 운다.

귀뚜라미가 운다.

지렁이가 운다.

개구리가 운다.

먼 산에서 소쩍새가 운다.

나는 안 운다.

절대 안 운다.

『너 내가 그럴 줄 알았어 / 김용택 지음 / 창비』

| 관련 활동 7-1 |

내게 남겨진 말 내가 전하고 싶은 말

부모님이 돌아가시면서 내게 남긴 말씀이 있나요?

차마 부모님께 하지 못했기에 지금이라도 꼭 전하고 싶은 말이 있나요?

있다면 아래 칸에 각각 적어보세요.

내게 남겨진 말	내가 전하고 싶은 말

8세션

1) 세부목표 : 애도하기 2

우리나라에서 행해지고 있는 장례 방법도 기존의 봉분이 있는 매장에서, 평장묘, 화장 이후 납골묘, 수목장, 잔디장 등 날로 다양해지고 있다. 짐작컨대 예로부터 사람이 죽으면 시신을 깊은 땅에 묻고 표식을 남긴 이유는 동물들로부터의 훼손을 막고, 고인이 영원한 안식을 취할 수 있도록 하며, 생존해 있는 사람들이 기억하고 찾아와 애도할 수 있는 공간을 제공하기 위해서였을 것이다. 그런 맥락에서 보자면 부모님이 돌아가셔서 묘소를 만들면 근처에 움집을 짓고 탈상을 할 때까지의 3년 동안 '시묘살이'를 했다는 풍습도, 자녀들에게 주어진 애도의 기회였다고 생각할 수 있다.

8세션의 세부목표는 애도하기 두 번째이다. 어른들은 돌아가신 부모님이 그리울 때면 언제든 묘소를 찾아갈 수 있지만, 이 프로그램에 참여하는 아동들은 그럴 수가 없다. 따라서 고인을 떠올리며 언제든 애도할 수 있는 상징적 대상이 필요하다. 따라서 이번 시간에는 그런 대상을 만들어 보고자 한다.

2) 문학작품

도서 : 아빠 나무 / 김미영 글·그림 / 고래뱃속 / 2016

이 그림책 주인공인 아이는 돌아가신 아빠가 생각날 때면 아빠 나무를 찾아간다. 아빠 나무를 만나면 힘껏 끌어안고 함께 보냈던 시간들을 하나씩 꺼내어 추억한다. 이런 과정은 아이가 아빠의 죽음을 받아들이고 씩씩하게 살아갈 수 있는 자양분이 되어 준다.

8세션을 위한 문학작품으로 이 그림책을 선정한 이유는 아빠를 대신할 수 있는 상징물로 나무가 등장하기 때문이다. 늘 그 자리에 서서 계속 자라나는 나무는 아빠처럼 든든해서 언제나 아이를 지켜줄 것 같은 느낌을 준다. 따라서 이 그림책을 읽고 발문을 통해 이야기를 나눈 뒤 관련 활동으로 이어가면 되겠다.

3) 관련 활동

① 아이비 화분 심기

아이비(Ivy)는 미나리목 두릅나무과 송악속에 속하는 여러해살이 풀로, 유럽과 아시아의 대부분 지역이 원산지이지만, 현재는 세계 여러 지역에 퍼져 있다. 줄기에서 공기뿌리가 나와 다른 물체에 달라붙어 올라가는 속성을 갖고 있다.

또한 구하기 쉽고 가격도 저렴하며, 줄기를 끊어 심어도 잘 자라는 것은 물론이고 오래 살기 때문에 화분에 심어 돌아가신 부모님의 상징적 대체물로 삼고자 했다. 구체적 활동 결과에 대한 예시는 그림을 참조하면 된다.

9세션

1) 세부목표 : 나 위로하기

세상은 고통으로 가득하지만, 그것을 극복하는 사람들로도 가득하다. - 헬렌 켈러

헬렌 애덤스 켈러(Helen Adams Keller)는 심한 병을 앓은 후 생후 19개월에 시각과 청각을 모두 잃었다. 그런데 1887년 7세 때 앤 맨스필드 설리번(Anne Mansfield Sullivan) 선생님을 만나 교육을 받은 결과 대학까지 졸업하게 되었다. 그 후 그녀는 일생동안 시각 및 청각 장애인을 도우며 사회주의 지식인으로서 인권 및 노동운동에도 기여를 했다.

어렸을 때 시각과 청각을 모두 잃었기에 어쩌면 아무 것도 하지 못했을 수 있는 이 여성은, 선생님 한 분을 만남으로써 인생이 송두리째 바뀌었다. 아마 설리번 선생님은 헬렌 켈러에게 가르치는 사람이었겠지만, 동시에 엄마이자 친구로서 위로와 격려를 해주는 사람이었을 것이다. 이와 같이 한 사람이 성장과 성숙, 성공을 동시에 할 수 있으려면 양육과 교육에 더해 위로와 격려가 필요하다.

9세션의 세부목표는 '나 위로하기'로, 부모와의 사별로 힘들어 하고 있는 참여 아동들이 가족이나 지인들의 위로와 격려를 넘어, 이제부터는 자기 스스로 위로하는 방법을 익히고 실천할 수 있는 기반을 만들어 주기 위한 시간이다.

2) 문학작품

도서 : 영원한 이별 / 카이 뤼프트너 글, 카트야 게르만 그림, 유혜자 옮김 / 봄나무 / 2014

아빠의 죽음을 이해하고 수용하기에는 너무 어린 아이 에곤, 다섯 살 밖에 안 된 아이이지만 주변의 위로도 없이 담담하게 극복해 나간다. 물론 처량한 눈빛으로 바라보거나 익살스러운 표정으로 웃기려 하는 사람도 있지만, 대부분은 어떻게 해야 할지 모르기 때문에 멀리서 지켜보기만 한다. 에곤은 이미 아빠가 돌아가셨다는 것, 그래서 영원히 돌아올 수 없다는 것을 알고 있는데 말이다.

9세션 문학작품으로 이 그림책을 선정한 이유는, 누군가의 도움 없이 스스로 마음을 다잡는 주인공 에곤의 모습이 참여 아동들이 스스로를 위로할 필요가 있다는 점을 알려주고, 더불어 어떻게 위로할 수 있을까 그 방안도 모색해 볼 수 있도록 도울 것이라 판단되었기 때문이다.

3) 관련 활동

① **바람에 띄우는 하늘 편지**(연에 편지 써서 날려 보내기)

종이나 헝겊 조각에 가는 대쪽이나 나무쪽을 가로, 세로 또는 모로 엇맞추어 붙이고, 실로 꿰어 공중에 날리는 전통 놀이 도구를 연(鳶)이라고 한다. 연은 놀이의 도구뿐만 아니라 전쟁의 도구 혹은 주술적인 도구로도 사용되었다고 하며, 편지연도 있었다고 한다.

9세션을 위한 활동은 '연에 편지 써서 날려 보내기'로, 연은 바람이 부는 날 하늘에 띄워야 하는 속성을 갖고 있다. 따라서 언덕에 올라 바람을 맞으며 하늘 높이 연을 띄워 올려야 하는데, 이때 사별한 부모님에 대한 그리움은 물론이고 자신을 위로하며 마음을 다잡을 수 있는 내용도 함께 적어서, 연과 함께(혹은 연에서 쪽지만 빠져 나갈 수 있게) 날려버릴 수 있도록 하면 되겠다.

10세션

1) 세부목표 : 가족과 함께 나누기

가족은 모든 이들이 세상에 태어나 첫 번째로 만나는 사람들이자 집단이며 사회이다. 따라서 타인들은 알 수 없는 여러 일들을 공유하며 끈끈한 공동체가 된다. 때문에 기쁨은 물론이고 슬픔도 가장 깊게 나눌 수 있는 사람들이다.

따라서 10세션의 세부목표는 가족과 함께 나누기이다. 분명 이 프로그램에 참여한 아동들은 부모님과 사별을 한 것이겠지만, 또 다른 가족들에게도 가족 중 한 사람과의 사별임에는 분명하다. 따라서 가장 오랜 시간 동안 애도 과정을 함께 나누어야 하는 사람들도 가족이다. 그러나 본 프로그램에는 아동들만 참여를 한다. 따라서 이 시간을 계기로 각자의 가정에 돌아가서 가족들과 함께 실천할 수 있는 방법을 나누거나, 프로그램이 끝난 뒤 가족 중 어른 한 사람과 대화를 나누는 것도 좋은 접근이 될 수 있다.

2) 문학작품

도서 : 채마밭의 공주님 / 안네미 헤이만스 글, 마르그리트 헤이만스 그림, 서애경 옮김 / 아이세움 / 2004

아빠는 물론이고 열두 살인 하나와 여덟 살인 마테 모두 엄마를 잃었다. 그런데 아빠는 일만 하고 동생은 징징대는 것으로 상실감을 표현하고 있다. 따라서 장녀인 하나는 집안일과 동생 돌보기는 물론이고 아빠까지 챙겨야 한다. 하지만 본인도 엄마를 잃은 슬픔을 갖고 있기 때문에, 엄마가 많은 시간을 보냈던 채마밭으로 들어가 살기로 결정한다. 왜냐하면 그곳에서 엄마의 물건들을 보며 추억을 떠올려 상처에 대한 치유를 하고 싶었기 때문이다.

'냄새'와 같은 말로 '내음'이라는 단어가 있다. 코로 맡을 수 있는 온갖 기운을 뜻하는데, 사람이 머물렀거나 사용했던 물건들에도 그 내음이 배어 있다. 따라서 그 내음만으로도 사람은 물론이고 추억도 떠올릴 수 있다.

10세션을 위한 문학작품으로 이 그림책을 선정한 이유는 한 공간에서 살았기 때문에, 혹은 같은 물건을 공유했기 때문에, 또는 그 사람의 공간이 있기 때문에 내음이 배어 있어서 저절로 기억이 떠오르는 것처럼, 가족들과 함께 떠올리고 나눌 수 있는 것을 찾아볼 수 있도록 돕기 위해서이다.

3) 관련 활동

① 손가락 인형을 활용한 이야기 회전목마

손가락 인형은 손가락에 끼워서 활용할 수 있는 인형으로 가족, 동물 등 종류가 다양하며, 상담치료 현장에서 널리 활용되고 있다. 따라서 이 활동에서도 활용해 보고자 하는데, 구체적인 방법은 다음과 같다.

첫째, 가족 중 한 사람을 먼저 골라 아동이 손가락에 끼게 한다.
둘째, 그 사람의 역할이 되어 평소 고인에게 자주 했던 말이나, 함께 나누었던 대화의 한 장면을 재연해 보게 한다.
셋째, 다시 손가락 인형 중 한 사람을 골라 손가락에 끼우고 이야기를 반복하게 한다.

'이야기 회전목마'는 가족치료에서 자주 활용되는 방법으로, 하나의 주제에 대해 가족들이 둘러앉아 이야기를 나누되 마치 회전목마가 한 바퀴를 돌아 다시 제자리로 오는 것처럼 순번을 정해 실행하는 것이다. 따라서 아동만 참여한 이 프로그램에서는 각자가 가족 모두의 역할을 해볼 수 있고, 아니면 치료사와 보조치료사가 다른 가족의 역할을, 혹은 다른 참여 아동들이 다른 가족의 역할을 대신할 수도 있다.

11세션

1) 세부목표 : 회복하기

그리스로마신화에 나오는 '넥타르(Nectar)'를 들어본 적이 있는가? '넥타르'는 신들이 마신다는 영주로 이를 만약 사람이 마시게 되면 불로영생의 힘이 생긴다는 전설이 있다. 허무맹랑하게 느껴질지 모르지만, 신화에 나오는 것이므로 현실에는 없는 것에 대해 굳이 이야기를 한 이유는, 사별 후 힘들어하는 사람들에게 치유의 힘이 있는 음료가 있다면 재빨리 권해주고 싶다는 생각이 들었기 때문이다. 그래서 원래의 좋았던 상태로 되돌아가 건강하게 생활할 수 있다면 얼마나 좋을까 싶어서.

그만큼 어떤 상처에서 회복이 된다는 것은 어려운 일이다. 그럼에도 우리는 모든 상황을 극복하고 원래의 안정된 심리적 상태를 되찾아야 한다. 그래서 11세션의 목표를 회복하기로 정했다.

2) 문학작품

도서 : 서서 자는 사람 / 신소라 글·그림 / 웅진주니어 / 2019

늘 침대에 누워 계시다 결국 하늘나라로 가신 할머니 때문에, 침대에 누우면 영원히 잠들 것 같다는 생각에 빠진 아이가 있다. 이 아이에게 발생한 트라우마(Trauma)는 주변의 모든 것을 침대로 보이게 만들고 잠자는 행위 자체도 두렵게 만든다. 때문에 아이는 언제나 퀭한 눈으로 겁에 질려 있는데, 그러던 어느 날 온통 초록빛으로 물들어 있는 공원에서 행복하고 편안해 보이는 사람들을 만나게 되면서 트라우마로부터도 벗어나게 된다.

생물학적인 관점에서 심리 현상을 기술하고 설명하려는 생물심리학(生物心理學)이라는 분야가 있다. 이 분야에서는 마음이 심장이 아닌 뇌에 있다고 보기 때문에, 마음의 상처 또한 뇌의 신경 회로에 이상이 발생한 것으로 설명한다. 따라서 한 번 저장된 부정적 기억도 완전히 지우기 힘들기 때문에, 그것을 대체할 수 있는 새로운 기억을 형성하는 것이 더욱 효과적이라고 말한다.

이런 맥락에서 보면 11세션을 위해 선정한 그림책은 생물심리학적 관점에서 뇌에 있는 마음 구조를 완벽히 바꿔줄 수 있는 작품이다. 따라서 심리적 회복에 도움이 될 거라 판단되어 선정했다.

3) 관련 활동

① 사바아사나(송장 자세, 휴식 자세) **요가를 통해 재충전하기**

일명 '송장 자세' 혹은 '휴식 자세'라고 불리는 사바아사나(Shavasana)는, 누운 상태에서 다리를 어깨너비로 벌리고, 팔은 몸에서 한 뼘 정도 떨어지게 편하게 바닥에 내려두며 손바닥은 편하게 놓은 뒤, 눈을 감은 채 먼저 다리의 힘을 빼고 가슴과 팔의 힘을 뺀 다음 마지막으로 얼굴과 머리를 이완시키는 요가 동작이다.

이 동작은 마치 모든 사람에게 보약과도 같은 역할을 한다는 잠잘 때의 자세와 같기 때문에, 잠시나마 모든 것을 내려놓고 쉼의 시간을 갖는다는 측면에서 회복하기를 위한 활동으로 선정했다. 활동을 위한 구체적인 방법은 유튜브(Youtube) 등을 검색하면 많이 찾을 수 있으니 참고하면 되겠다.

12세션

1) 세부목표 : 성장하기

마지막 만남의 시간인 12세션의 세부목표는 '성장하기'이다. 즉, 애도를 위한 여러 과정을 거쳐 왔기 때문에 이제부터는 사별의 슬픔과 아픔으로부터 어느 정도는 벗어나 일생생활을 무리 없이 영위할 수 있는 단계로 진입하는 것이다.

따라서 그동안 어떤 과정들을 거쳐 왔는지 살펴보고, 앞으로는 어떻게 생활해 나가야 할지에 대해서도 함께 생각해 보는 시간을 가지면서, 프로그램 전체 목표를 달성할 수 있도록 도울 필요가 있다.

2) 문학작품

도서 : 무릎 딱지 / 샤를로트 문드리크 글, 올리비에 탈레크 그림, 이경혜 옮김 / 한울림 어린이 / 2013

상처가 났던 자리가 아물기 시작하면 딱지가 생긴다. 이 딱지는 점점 두껍고 짙은 색깔로 변해 한동안 그 자리에 머물다가, 어느 순간 떨어져 나가버린다. 그러면 그 자리에는 다시 매끈매끈한 살이 돋아나 있는 것을 확인할 수 있다.

이 그림책은 엄마의 죽음을 겪은 아이가 받은 상처와, 그것이 회복되어 가는 과정을 보여준다. 이 과정은 우리가 12세션에 걸친 만남을 통해 추구해왔던 과정과 일치하기 때문에, 마지막으로 읽어주면 좋겠다는 생각에 선정하게 되었다.

3) 관련 활동

① 마음 밴드 만들기

몸에 가벼운 상처가 나면 연고를 바른 뒤 밴드를 붙여서 빨리 나을 수 있게 조치하는 것처럼, 마음의 상처에 붙일 수 있는 밴드를 '마음 밴드'라고 이름 붙여본 활동이다.

따라서 의미가 중요하기 때문에 실제 활용하는 밴드의 모양과 크기처럼 만들어도 되고, 아니면 다른 형태로 만들어도 된다. 또는 이미 시판되고 있는 밴드에 내가 원하는 이름을 적어두고, 필요할 때마다 자신에게 붙여주는 상징적 치료제로 활용할 수 있도록 하면 되겠다.

② **참여 소감 나누기**

본 프로그램의 마지막 활동은 그동안 참여하면서 느낀 점을 나누는 것이다. 참여 아동에 따라서는 충분히 회복되지 않았기 때문에 치료가 더 지속될 필요가 있을 것이다. 그런 대상은 별도의 치료 기회를 만들거나 아니면 다른 기관에 의뢰할 수 있도록 하면 좋겠다.

두 번째 애도

반려동물과 사별한 청소년의 회복 탄력성 증진을 위한 독서치료 프로그램

두 번째 애도

반려동물과 사별한 청소년의 회복 탄력성 증진을 위한 독서치료 프로그램

1. 프로그램 목표

농림축산식품부[34]가 2020년 4월 28일 발표한 『'19년 동물보호에 대한 국민의식 조사』 결과에 따르면, 우리나라에서 반려동물을 기르고 있는 가구는 2019년 기준 591만 가구로 2018년 기준 511만 가구 보다 80만 가구가 증가했다고 한다. 이는 우리나라 전체 2,238만 가구의 26.4%에 해당하는 것으로, 4가구 중 1가구가 반려동물을 기르고 있다고 해석할 수 있는 수치이다. 기르고 있는 반려동물의 비율은 개가 83.9%로 1위, 고양이가 32.8%로 2위, 어류/열대어가 2.2%로 3위를 차지했다고 하며, 숫자로는 495만 가구에서 598만 마리의 개를, 192만 가구에서 258만 마리의 고양이를 기르고 있는 것으로 나타났다고 한다.

34) 농림축산식품부 동물복지정책과. 2020. '19년 동물보호에 대한 국민의식조사 보도자료. 농림축산식품부. pp. 1-2.

상황이 이렇기 때문인지 통계청에서는 2020년 인구주택총조사에 반려동물 항목을 포함시켰고, 반려동물(Pet)과 가족(Family)의 합성어인 '펫펨족', 반려동물(Pet)과 경제(Economy)의 합성어인 '펫코노미' 등의 용어가 일상 언어처럼 사용되고 있다고도 한다.

그러나 이상과 같이 반려동물을 키우는 가구가 늘어나는 것은 물론이고, 반려동물을 사람과 마찬가지로 가족과 같이 대하는 현상이 증가하면서, 그것들이 질병이나 죽음으로 인해 심리적 고통을 호소하는 사람들 또한 많아지고 있는 추세이다. 이에 본 프로그램은 반려동물과 사별해서 심리적 고통을 호소하는 청소년들을 대상으로, 회복 탄력성 증진을 돕는데 목표를 두고 있다.

2. 프로그램 구성

본 프로그램은 총 12세션으로 구성되었다. 프로그램의 흐름은 신뢰감과 친밀감 형성을 위한 소개와 마음열기로부터 시작해 사별 경험의 공유, 각자가 갖고 있는 감정을 인식하고 표현하기, 사별 과정과 반려동물에 대한 기억을 떠올려 정리하기, 이별 수용을 위한 애도하기, 그리고 여러모로 힘든 자기 자신을 위로할 수 있도록 한다. 이어서 모든 것을 가족과 함께 나누며 회복하고 성장할 수 있는 장을 만들어 결국 심리 적응 능력을 향상시켜 자신의 삶에 적응해 살아갈 수 있도록 돕는데 목표를 둔 점은 앞서 제시했던 프로그램과 흐름이 똑같다. 더불어 문학작품 선정도 그림책을 위주로 했으며, 관련 활동 역시 세부목표와 선정한 문학작품과의 연관성을 고려하면서 글쓰기, 미술, 연극 등 여러 방법들을 활용해 보려고 노력했다. 마지막으로 참여 인원은 10명 내외이며 세션 당 운영 시간도 2시간(120분)이다. 구체적인 프로그램 계획은 다음의 〈표 4〉와 같다.

〈표 4〉 반려동물과 사별한 청소년의 회복 탄력성 증진을 위한 독서치료 프로그램 계획

세션	세부목표	문학작품	관련 활동
1	프로그램 소개 및 마음 열기	도서 : 춤추는 고양이 차짱	프로그램 소개, 집단 서약서 작성, 자기 소개하기·반려동물 이름 별칭
2	경험의 공유	도서 : 개들도 하늘나라에 가요 도서 : 매일 보리와	사별 경험 나누기를 통한 친밀감 형성 : 매일 ○○와
3	감정 인식과 표현	도서 : 망가진 정원 도서 : 우리 집엔 할머니 한 마리가 산다	토피아리로 표현하는 감정
4	사별 과정 떠올리기	도서 : 흰둥이 도서 : 바보 똥개 뽀삐	순간 포착으로 연결한 반려동물과의 삶
5	기억 정리하기	도서 : 토끼 하늘나라는 어디일까 노래 : 안녕, 안녕	반려동물 연대기 작성하기
6	이별 수용하기	도서 : 100년이 지나면	이별 3부작 완성하기
7	애도하기 1	도서 : 세상에서 가장 멋진 장례식	무지개다리 만들기, 조문보 쓰기
8	애도하기 2	시 : 무지개다리를 건너 도서 : 우리가 헤어지는 날	모방 시 쓰기, 기억상자 만들기
9	나 위로하기	도서 : 사랑하는 고양이가 죽은 날	나를 위로하는 방법 목록 만들기
10	가족과 함께 나누기	도서 : 날아라, 고양이	반려 가족 가계도 그리기
11	회복하기	도서 : 강아지와 나, 같은 날 태어났어	내가 다시 키우고 싶은 반려동물 소개하기
12	성장하기	도서 : 정말 멋진 날이야 도서 : 이젠 안녕	보내지 않을 편지 쓰기, 참여 소감 나누기

1세션

1) 세부목표 : 프로그램 소개 및 마음 열기

대부분의 독서치료 프로그램이 그렇듯, 이 프로그램의 첫 번째 세션도 '프로그램 소개 및 마음 열기'로 시작된다. 사실 전반적인 상담치료 장면에서 자발적으로 참여한 청소년들을 만나기는 어렵다. 그럼에도 이 프로그램은 반려동물과의 사별이라는 전제가 있기 때문에, 형제처럼 반려동물을 기르던 청소년들이었다면 자발적으로 참여를 했을 가능성도 높다고 짐작해 볼 수 있다. 따라서 동기가 높기 때문에 프로그램이 어떤 방식으로 운영되는지에 대한 관심도 클 것이고, 운영만 잘 된다면 예후 또한 좋다고 할 수 있다. 그러므로 프로그램 운영 방법에 대해 상세하면서도 친절하게 소개를 해주어, 열심히 참여하면 애도에 도움이 될 수 있을 것이라는 믿음을 심어줄 필요가 있다.

2) 문학작품

도서 : 춤추는 고양이 차짱 / 호사카 가즈시 글, 오자와 사카에 그림, 박종진 옮김 / 한림출판사 / 2016

이 그림책의 주인공 '차짱'은 글쓴이 호사카 가즈시 자신이 키우던 고양이를 생각하며 붙인 이름이라고 한다. '차짱'이라는 이름이 만들어지게 된 배경은 그 고양이의 색깔이 말린 찻잎과 비슷한 갈색이었고, 우는 소리가 챠- 챠- 하는 것처럼 들렸기 때문이라고 한다.

아무튼 작가가 키우던 고양이의 이름도 아니고 그 고양이는 이미 죽고 없지만, '차짱'이라는 새로운 이름과 함께 그림책의 주인공이 되어 전 세계 많은 사람들을 만나고 있기 때문에, 이야기로나마 오랫동안 기억될 것이다.

그래서인지 주인공 '차짱'은 자신이 죽었지만 춤을 추고 있다고 말한다. 그러면서

'죽었다'와 '춤추다'가 다른 것인지 잘 모르겠다고 한다. 직접 죽어보지 않은 우리로서는 이해하기 힘든 표현이지만, 살아 있을 때 달리고 놀고 또 달렸던 것처럼 죽어서도 춤을 추고 있다는 것은 여전히 즐겁게 활동하며 지내고 있다는 의미라고 해석할 수 있겠다. 또한 죽은 뒤 좋은 곳에 갔을까 궁금해 할 사람들에게 잘 지내고 있으니 안심하라는 메시지로 여겨지기도 한다.

첫 번째 세션을 위해 이 그림책을 선정한 이유는 저자 호사카 가즈시처럼 죽음으로 인해 반려동물과 헤어진 참여 청소년들과의 라포(Rapport) 형성을 돕기 위해서이다. 나아가 자연스럽게 자신이 키웠던 반려동물의 이름으로 자기 소개하기 활동을 이어가기 위한 준비 단계로 활용하기 위해서이기도 하다.

3) 관련 활동

① 프로그램 소개

② 나의 약속

활동에 대한 설명과 활동지 양식의 예는 앞 프로그램 내용을 참조하고, 참여 대상과 종합목표에 따라 수정 보완 후 활용하시기 바란다.

③ 자기 소개하기(반려동물 이름 별칭)

'별칭(別稱)'은 달리 부르는 이름을 뜻한다. 따라서 '별칭 짓기'라고 하면 본명이 아닌 달리 불릴 이름을 만드는 것이라고 이해된다. 이와 같은 '별칭 짓기' 활동은 집단 프로그램에서 가장 많이 활용되었던 자기 소개하기 방식인데, 특정 범위가 없이 참여자들이 자유롭게 정하게 한 뒤 그 의미를 통해 일면을 파악하기 위한 용도, 프로그램이 끝날 때까지 본명 대신 부르는 용도 등으로 쓰였다. 따라서 참여자들은 '마중물', '햇살', '빨강머리 앤' 등의 별칭은 성인 대상의 집단 프로그램에서 자주 등장하는 별칭들이다.

그런데 앞서 설명한 '별칭 짓기'와 본 세션 활동에서의 차이점은 참여자들이 지을 별칭의 범위를 사별한 반려동물의 이름으로 한정한다는 점이다. 이유는 프로그램에 참여하는 동안 사별한 반려동물과 함께한다는 느낌을 주기 위해서이고, 그렇게 했을 때 치료 작업이 원활하게 이루어질 것이라 생각되기 때문이다. 반려동물 이름으로 지어진 별칭은 패용할 수 있는 이름표 형태로 만들어 두면 매 세션 때마다 사용할 수 있을 것이다.

2세션

1) 세부목표 : 경험의 공유

반려동물은 가족 구성원으로 인정받기 때문에 그들과 많은 시간들을 공유한다. 특히 현 시대와 같이 여행도 많이 가고 반려동물과 함께 출입할 수 있는 카페들도 성업 중이며, 반려동물들을 위한 물품들도 다양한 상황이기 때문에, 공유한 경험의 측면들도 다채로울 것이라 생각된다. 따라서 이번 세션에는 반려동물과 함께 했던 경험 나누기를 통해 참여 청소년들끼리의 친밀감을 높이는데 목표를 두었다.

2) 문학작품

① 도서 : 개들도 하늘나라에 가요 / 신시아 라일런트 글·그림, 신형건 옮김 / 보물창고

이 그림책은 모든 사람들이 궁금해 하지만 정답을 알 수 없는 '죽으면 어디로 가는가?'라는 물음으로부터 시작된다. 즉, "개들은 죽으면 어디로 가요?"라고 묻는 아이들에게 하늘나라에 가서 옛 친구가 올 때까지 기다릴 거라는 이야기를 해준다. 또한 하늘나라에 갈 때에는 개들이 달리기를 잘하기 때문에 넓은 들판만 펼쳐져 있다면 날개가 없어도 갈 수 있으며, 도착하면 오리며 아이들과 함께 놀며 시간을 보낸다고 알려준다. 물론 이 모든 내용은 상상이겠지만 죽음의 불확실성이 우리에게 주는 고통을 덜어주는 데에는 도움이 될 것이라고 판단되어, 2세션을 위한 첫 번째 문학작품으로 선정을 했다.

② 도서 : 매일 보리와 / 이승민 글, 민승지 그림 / 노란상상 / 2020

보리는 내가 태어났을 때 일곱 살이었어요. 지금은 내가 여덟 살이고 보리는 열다섯 살이에요. [중략] 보리는 내가 태어났을 때부터 지금까지 늘 나와 함께 했어요. 매일 아침 나를 깨우고, 아빠에게 애교를 부리고, 엄마가 주는 밥을 남김없이 먹고, 오빠를 보면 왈왈! 짖었지요. 그런데 시간이 흐르고 내가 점점 자랄수록 보리도 점점 변해갔어요. 보리는 이제 앞도 잘 못 보고 소리도 잘 못 들어요. 또 온종일 잠만 자요. 혹시 어디가 아픈 건 아닐까요?

종류 및 크기, 생활환경 등에 따라 차이가 발생하겠지만 일반적으로 동물들은 크기가 클수록 오래 산다고 알려져 있다. 따라서 개나 고양이 등의 반려동물들도 차이가 많겠지만 개의 평균 수명은 12-15년, 고양이는 15년 정도로 알려져 있다. 개가 사람보다 네 배에서 일곱 배 정도의 속도로 나이를 먹는다고 하니, 성장을 빨리하는 만큼 죽음도 빨리 찾아올 수밖에 없다.

이 그림책은 태어났을 때부터 많은 시간을 함께했던 '보리'와의 이별까지의 과정을 담고 있다. 따라서 2세션의 목표에 부합되기 때문에 프로그램 참여자인 청소년들의 경험을 이끌어 내고자 선정했다.

3) 관련 활동

① 매일 ○○와

'매일 ○○와' 활동은 이번 세션을 위해 선정한 문학작품인 '매일 보리와'에서 형식을 가져온 것으로, 반려동물과 함께 살 때 매일 무엇을 했는가를 떠올려 정리 후 이야기를 나누어 보는 것이다.

3세션

1) 세부목표 : 감정 인식과 표현

반려동물과의 사별에서 느끼는 감정이 사람과의 사별에서 느끼는 것과 크게 다르지는 않다. 실제로 김옥진과 정성곤(2012)[35]에 의하면 많은 학자는 반려동물의 사망이 마치 인간의 죽음과도 같이 느껴져서 죽음에 대한 거부, 슬픔, 분노, 죄책감, 그리고 마침내 수용하는 단계적 현상을 보인다고 하며, 공허함, 고통, 식욕감퇴, 불면증, 나른함 등의 증상이 있다고 하였다. 이뿐만 아니라 반려동물의 상실로 인해 나타나는 증상들로 일시적 환각, 일시적인 일상 복귀의 어려움, 우울감과 슬픔, 정신적인 공허감과 허탈감을 보고하였다. 또한 애도가 충분하게 이뤄지지 못한 점에 대한 죄책감을 호소하였다.

Wrobel과 Dye(2003)[36]은 반려동물을 상실한 성인 174명을 대상으로 하여 실시한 PAS(Pet Attachment Survey)와 PDS(Pet Death Survey)를 통해 조사한 반려동물의 죽음 이후 나타나는 시간별 반응을 보고하였다. 이 연구의 결과에 따르면 반려동물 상실 이후 처음에는 85.7%의 반려동물 소유자가 적어도 한 가지 슬픔의 증상을 경험하였지만, 6개월 후에는 35.1%로, 1년 후에는 22.4%로 감소하였다. 반려동물의 죽음 이후 나타나는 초기 반응은 울음, 우울감, 고독감, 죄책감을 대다수가 느꼈으며, 그 외의 반응으로는 죄책감, 목메임, 반려동물과의 추억에 집착, 분노, 고통, 안도감, 혼자 있고 싶음, 실패감, 식욕부진 순으로 나타났다고 한다.

정리해 보면 반려동물과 사별을 겪은 사람들은 공허함, 고통, 나른함, 우울감, 슬픔, 허탈감, 죄책감, 분노 등의 감정을 느낀다고 할 수 있다. 따라서 이번 세션에는 참여 청소년들이 어떤 감정을 느꼈고, 그 강도가 어느 정도인지를 알아보는데 세부목표가 있다.

---

35) 김옥진·정성곤 지음. 2012. 『애완동물학』. 서울: 동일.

36) Wrobel, T. A. & Dye, A. L. 2003. Grieving pet death: Normative, gender, and attachment issues. OMEGA-Journal of Death and Dying, 47(4): 385-393.

2) 문학작품

① 도서 : 망가진 정원 / 브라이언 라이스 글·그림, 이상희 옮김 / 밝은미래 / 2020

함께 뛰어 놀고 달콤한 것도 함께 나눠 먹었으며, 함께 음악을 듣고 모험을 나섰으며, 봄 여름 가을 겨울 내내 함께 지냈던 에번과 멍멍이, 그들이 가장 좋아했던 것은 에번의 멋진 정원을 함께 돌보는 일이었다. 그런데 멍멍이가 무지개다리를 건넌 뒤부터 에번은 관리를 멈추고, 때문에 아름다웠던 정원은 꼴사납게 뒤틀린 곳, 슬프고 무지막지한 곳, 들쑥날쑥 황폐한 곳으로 변한다. 그런데 시간이 흘러 정원에 자라난 호박 덩굴 덕분에 에번은 다시금 희망과 사랑을 발견하게 된다.

3세션을 위해 이 그림책을 선정한 이유는, 주인공 에번이 멍멍이를 떠나보낸 후 아름다웠던 정원을 망가뜨려 자신의 기분같이 만들어 버리는 장면에서 참여 청소년들이 동일시를, 더불어 시간이 지난 뒤 회복이 되어가는 과정을 통해 통찰도 꾀할 수 있을 거라 생각했기 때문이다.

② 도서 : 우리 집엔 할머니 한 마리가 산다 / 송정양 글, 전미화 그림 / 상상의집 / 2015

아이가 태어나기 전부터 이 집에서 살고 있었던 반려견 이뽀, 그런데 벌써 20년이나 살고 있는 늙은 개다. 그래서 털은 다 빠져 듬성듬성하고 드러난 살가죽 위로는 검버섯이 피어 있다. 게다가 아무 데나 똥을 싸고 대부분의 시간을 자면서 보낸다. 그래서 주인공 아이는 반짝이는 털에 인형 같은 검은 눈동자와 매끈한 코를 가진 강아지를 갖고만 싶다. 그런데 이런 투정에 놀라는 엄마의 모습에, 결국 죽고 만 늙은 개를 쓰다듬으며 이름을 부르고 있는 아빠의 모습에 미안한 마음이 생긴다.

3세션의 두 번째 문학작품으로 이 그림책을 선정한 이유는 늙은 개를 키우고 있는 한 가정 내 여러 사람들이 갖고 있는 감정들을 두루 살펴볼 수 있고, 나아가 결국 죽은 이뽀에 대한 감정들이 섬세하게 표현되어 있기 때문이다. 따라서 이 내용을 바탕으로 참여 청소년들이 자신의 감정 인식과 표현을 더 정확하게 할 수 있도록 활용하면 좋겠다.

3) 관련 활동

① 토피아리로 표현하는 감정

'토피아리(Topiary)'는 용기에서 자연스럽게 자라고 있는 식물을 자르고 다듬어 동물이나 구형, 하트 모양 등의 형태로 만드는 것을 뜻한다. 또한 관엽식물이나 다육식물을 이용한 토피아리는 철사나 철망, 나뭇가지 등으로 원하는 형태의 틀을 먼저 만들어 식물이 자라고 있는 용기에 꽂거나, 틀 내부 가장자리를 이끼로 가린 후 그 속에 토양을 채워 식물을 심기도 한다.

따라서 이번 세션의 활동은 '망가진 정원'의 소재와 내용을 이어 참여 청소년들이 느낀 감정을 토피아리로 표현해 보게 하는 것이다. 토피아리 재료는 인터넷 쇼핑몰이나 꽃 도매시장에서 쉽게 구할 수 있으므로 적당한 것을 골라 활용하면 되겠다. 다음의 사진은 토피아리의 예시들이다.

4세션

1) 세부목표 : 사별 과정 떠올리기

2020년 12월 20일 일요일 오전에 방송된 SBS 교양 프로그램 'TV 동물농장'에는 가수 강원래·김송 부부가 6년 전 반려견 똘똘이와 사별하는 과정이 재방영되었다. 온몸에 암이 퍼진 똘똘이에게 좋은 추억을 선물하기 위해 바다에 가던 중, 똘똘이가 차 안에서 거친 숨을 몰아쉬자 그들은 잠시 휴게소에 들렀다. 그런데 산책을 하던 중 똘똘이는 갑자기 중심을 잃고 쓰러졌고 그대로 그곳에서 숨을 거두고 말았다. 그 여파였을까, 벌써 6년이라는 시간이 지났지만 강원래·김송 부부는 똘똘이의 물건도 그대로 보존하고 있었고, 길을 지나다가 웰시코기만 봐도 눈물이 난다고 했다.

예상컨대 본 프로그램에 참여한 청소년들 중에도 비슷한 사연이 있을 것이다. 혹은 다른 사연이라도 그 순간을 다시 떠올린다는 것은 고통스러운 감정을 동반하는 과정일 수 있다. 따라서 한 번도 꺼내지 않았던 이야기라면, 이제라도 생각과 마음의 선반에 잘 정리해 둘 필요가 있다.

이에 4세션의 세부목표는 '사별 과정 떠올리기'로 정했고, 선정된 문학작품 읽어주기 → 발문을 통한 이야기 나누기 → 활동 후 이야기 나누기의 순서로 진행될 예정이다.

2) 문학작품

① 도서 : 흰둥이 / 권나이원 기획, 저우젠신 그림 / 북극곰 / 2018

늘 단순한 하루하루를 살던 노인은 어느 날 꿈속에서 어린 시절 기르던 강아지 흰둥이를 만난다. 어린 시절 삶의 기쁨이었기에 흰둥이가 죽은 뒤로는 그 어떤 반려동물도 두지 못한 채 평생을 살아온 노인, 비록 꿈속이기는 하지만 흰둥이를 따라서 어린 시절로 잠시 돌아가 함께 했던 아름다운 기억들을 떠올린다.

4세션을 위해 이 그림책을 선정한 이유는 흑백으로 그려진 그림이 자연스럽게 참여 청소년들을 반려동물과 함께 했던 과거로 데려가 줄 것 같다는 생각이 들었기 때문이다.

② 바보 똥개 뽀삐 / 박정윤 지음 / 엔트리 / 2015

이 책은 SBS-TV 동물농장에 출연해 이름을 알린 수의사 박정윤 씨가 쓴 에세이로, 그동안 함께했던 반려동물들과의 사랑과 슬픔, 그리고 이별까지의 과정을 담은 것이다. 책은 크게 3개의 장으로 구성되어 있는데, 첫 번째는 '내게 와줘서 고마워'로 만남에 대한 과정을, 두 번째는 '매일매일 사랑하며'로 함께 생활하며 나눴던 기억들을, 마지막 세 번째는 '우리 참 좋았지?'로 이별의 과정이 담겨 있다.

에세이이기 때문에 분량이 많기는 하지만 사진이 많이 포함되어 있는 실화이기 때문에 내용 중 일부를 세션 중 활용할 수도 있고, 아니면 참여 청소년들이 각자 읽어보도록 권장하는 것만으로도 좋을 것 같아 선정했다.

3) 관련 활동

① 순간 포착으로 연결한 반려동물과의 삶

글쓰기 치료(Journal Therapy)의 여러 기법 중 순간 포착(Captured Moments)이라는 것이 있다. '순간 포착'은 동결된 한 순간으로, 마치 카메라의 셔터가 영원 속의 한 순간을 필름에 포착하듯이, 감격과 감동 등 여러 순간들을 보존하는 것으로, 이 기법은 사람들로 하여금 창조력을 최대한 발휘하게 하고, 시공간 속에서 한 순간의 소리, 광경, 냄새, 그리고 감정을 상세히 설명할 수 있게 한다. 또한 자신의 삶의 영광과 고뇌, 평온함과 슬픔, 기쁨과 고통을 시나 산문으로 기록할 수 있도록 이끌어 준다.

따라서 이번 세션을 위해 선정된 문학작품을 바탕으로 자신의 반려동물과 함께 했던 순간들을 포착하고, 그 순간들을 5-6개 정도의 키워드로 연결해 사별에 이를 때까지의 과정을 정리해 보게 하는 활동이다.

만약 이 활동을 위해 참여자들에게 반려동물과 함께 했던 장면들을 담은 사진을 골라오게 한다면, 키워드 추출을 위해 마찬가지로 5-6장 정도만 준비할 수 있도록 사전에 고지를 하면 되겠다. 사진 보기 → 키워드 추출 → 이야기하기 → 글로 정리하기의 과정이 원활하게 이루어진다면, 청소년 자신과 반려동물이 주인공인 사진 그림책이 만들어질 수도 있다.

5세션

1) 세부목표 : 기억 정리하기

2020년을 강타한 가장 큰 이슈는 코로나-19이다. 코로나-19는 비말을 통해 퍼지는 바이러스이기 때문에 사람을 만날 때 반드시 마스크를 껴야하는 등, 우리 생활 전반을 순식간에 바꾸어 놓았다. 때문에 감염 확산을 예방하기 위해 사람과 사람 간 만남을 최대한 줄이는 차원에서 학교 수업은 온라인으로, 직장 근무는 재택으로 바뀌기도 하였다.

따라서 사람들이 집에 머무는 시간이 많아지다 보니 자연스럽게 미루어 두었던 정리를 한다는 경우도 많아졌고, 그 영향 때문인지 tvN의 '신박한 정리'라는 프로그램도 많은 인기를 얻었다.

이 프로그램의 진행자 중 한 사람인 탤런트 신애라 씨는 인터뷰에서 "미니멀리스트는 아니지만 미니멀리스트가 되고 싶어 한다. 필요 없는 걸 갖고 있는 걸 좋아하지 않는다."며 자신의 정리에 대한 신념을 언급한 바가 있다. 더불어 "기억에 없는 건 다 버리라.", "안 쓰는 걸 넣어두는 게 수납장이 아니라 꺼내놓은 물건을 넣어둘 수 있는 공간이 수납장이다. 수납장을 비워두고 품목별로 물건을 모아놓는 것이 정리의 아주 큰 팁"이라고 조언했다.

이 발언 내용은 마치 메모는 기억을 하기 위해서 하는 것이 아니라 머릿속을 비우기 위해서 하는 것이라는 말과 뜻이 통한다. 왜냐하면 머릿속을 비워야 다른 것을 채울 수 있기 때문에 공간을 만들어 둔다는 의미이기 때문이다.

5세션에 대한 설명을 이 이야기들로 시작한 이유는 반려동물과 함께 했던 기억들도 정리가 필요하다는 점을 알리기 위해서이다. 따라서 세션의 세부목표에 맞게 진행을 해나가면 될 텐데, 만약 사별한 반려동물을 화장한 후 유골 목걸이나 팔찌로 만들어 지닌 참여자가 있다면, 그것에 대한 이야기를 먼저 나누어도 되겠다.

2) 문학작품

① 도서 : 토끼 하늘나라는 어디일까 / 킬리안 레이폴드 글, 이나 하텐하우어 그림, 유혜자 옮김 / 시공주니어 / 2012

갑자기 어떤 생각이 걷잡을 수 없이 일어날 때가 있다. 이렇게 일어나 생각은 꼬리에 꼬리를 물고 계속 이어져, 일이나 잠을 방해하기도 한다. 그렇다고 이런 생각이 일어나지 않게 할 수는 없다. 왜냐하면 우리 주변에 있는 모든 요소들을 통제할 수 없기 때문이다. 따라서 좋았던 기억을 많이 남기는 것밖에는 방법이 없다.

그렇다면 사별에 대한 기억은 어떨까? 이 과정을 편하게 받아들인 사람도 있겠지만 대부분은 그렇지 못했을 것이다. 특히 강한 애착이 형성되었던 상황이라면 큰 상실감으로 다가왔을 것이다. 이 그림책의 주인공인 불레 역시 아끼는 친구 펠레의 죽음을 받아들이지 못해서 찾아보고자 길을 떠난다. 친구를 찾겠다는 일념으로 불레는 난생 처음 혼자 전차를 타고, 큼지막한 괴물 주둥이 같은 터널도 통과를 한다. 친구에 대한 우정이 그 모든 난관을 헤쳐 나갈 수 있도록 도운 것이다. 결국 이미 죽은 친구 펠레를 찾지는 못했지만, 이 여정을 통해 집으로 돌아올 무렵에는 죽음을 받아들이고 새로운 친구를 만날 수 있을 만큼 성장해 있었다.

5세션을 위해 이 그림책을 선정한 이유는 친구를 찾아 떠난 여정에서 죽음을 수용하고 새 친구를 만날 수 있게 된 불레의 모습을 통해, 반려동물과의 좋은 기억만을 남기는 정리의 시간을 갖고 위해서이다.

② 노래 : 안녕, 안녕 : 앨범 '자기만의 방' 중에서 / 차세정 작사·작곡, 심규선(Lucia)·에피톤 프로젝트 노래 / NHN벅스 발매 / 2011

책을 많이 읽고 그 의미를 제대로 파악해 노래하기 때문에 은유 시인이라고 칭해지는 심규선(Lucia)의 정규 1집 앨범에 수록된 곡으로, 비틀대며 외로이 춤을 추웠던 스무살 언젠가 문득 외로워져 스쳐가는 모든 것들이 아련해질 때 잘 지내고 있는지 안부를 묻는다. 가사의 전문은 〈문학작품 5-1〉에 담았으며, 관련 활동에 앞서 진지하게 들어

보고, 이어서 활동 중에는 BGM으로 틀어 놓으면 연대기 작성에 도움이 될 것이다.

3) 관련 활동

① 반려동물 연대기 작성하기

'연대기'는 시간적 관계를 결정하고 사건들을 일어난 순서대로 배열하는데 쓰이는 방법을 통틀어 일컫는 말이다. 따라서 이 활동은 반려동물이 태어난 시기 혹은 처음 만났던 시기부터 사별에 이르기까지의 과정 중, 중요했다고 여겨지는 것만을 중심으로 순서대로 배열해 보게 하는 것이다. 이후 그 중에서 긍정적인 내용들만을 골라내 기억의 선반에 저장하도록 해보자. 활동은 위해 정해진 양식은 없지만 참고할 수 있는 것 하나를 〈관련 활동 5-1〉에 제시했다.

| 문학작품 5-1 |

안녕, 안녕

– 차세정 작사 · 작곡, 심규선(Lucia) · 에피톤 프로젝트 노래 –

그 땐 눈물이 많아서
어떻게 참아야 하는지 알 수 없었고
미안하다는 말들도
그렇게 힘이 들었는지 할 수 없었던
안녕 안녕 잘 지내고 있니
손 내밀면 잡힐 것 같던 시간과
안녕 안녕 잘 지내고 있니
가쁜 숨이 힘겨워 몰아 내쉬던
스무 살 어딘가
얇은 유리와 같아서
닿으면 깨어질 것 같던 나의 마음도
안녕 안녕 잘 지내고 있니

손 내밀면 잡힐 것 같던 시간과
안녕 안녕 잘 지내고 있니
가쁜 숨이 힘겨워 몰아 내쉬며
문득 외로워질 때
내 것 아닌 웃음들에 슬퍼지고
바람 다시 불어와
스쳐가는 모든 것이 아련한
안녕 안녕 잘 지내고 있니
손 내밀면 잡힐 것 같던 시간도
안녕 안녕 잘 지내고 있니
비틀대며 외로이 춤을 추었던
스무 살 언젠가

『자기만의 방 / NHN벅스 발매 / 2011』

| 관련 활동 5-1 |

반려동물 연대기 작성하기

반려동물 이름 :

연도	내용

6세션

1) 세부목표 : 이별 수용하기

사람은 경험에 비례해서가 아니라 경험을 수용할 수 있는 능력에 비례해서 현명해진다.

– 제임스 보즈웰

무의식은 있는 그대로를 받아들이는 특성이 있다. 따라서 이미 수용을 했다고 생각해도 실질적으로 그렇지 못했다면 분명 무의식은 아니라고 말할 것이다. 올바른 자기수용은 인지심리학에서 이야기하는 메타인지(Metacognition)의 영역이다. 즉, 자신이 수용을 했는지 그렇지 못했는지 대해 인식을 하고, 만약 하지 못했다면 제대로 수용하기 위한 계획을 세우고 실천하는 것이다.

6세션은 참여 청소년들이 아직 이별을 제대로 수용하지 못했을 거라는 전제 하에, 적정한 계획을 세우고 실천할 수 있는 방안에 대해 이야기를 나누는 시간이다.

2) 문학작품

도서 : 100년이 지나면 / 이시이 무쓰미 글, 아베 히로시 그림, 엄혜숙 옮김 / 살림 / 2020

'회자정리(會者定離) 거자필반(去者必返)'이라는 말이 있다. 즉, 만난 사람은 반드시 헤어지고 떠나간 사람은 반드시 다시 돌아오기 마련이라는 뜻이다. 물론 사별로 인한 헤어짐이라면 다시 돌아올 수도 만날 수도 없겠지만, 이 그림책에서는 그 또한 끝이 아니며 그저 생의 다음 페이지로 넘어가는 과정일 뿐이라고 말한다. 마치 죽음으로 헤어졌지만 끝없이 서로를 찾는 사자와 새처럼 말이다.

그래서 우리는 이별에 대해서도 수용이 필요하다. 수용을 한다는 것은 받아들여서 자기 것으로 삼는다는 의미이니, 현 시점에서 온전한 수용을 위해 어떤 것이 필요한지 생각해보고 함께 나누는 시간을 가져보자. 6세션을 위해 이 그림책을 선정한 이유도 바로 그 지점에 있다.

3) 관련 활동

① 이별 3부작 완성하기

2020년 12월 21일 그룹 브라운아이드소울 소속의 가수 '나얼'이 싱글 '서로를 위한 것'이라는 노래로 컴백했다고 한다. 그런데 이 노래는 2015년에 발표한 '같은 시간 속의 너'와 2017년에 발표한 '기억의 빈자리'를 잇는 이별 3부작의 완성을 장식하는 곡이라고 한다. 물론 이 노래들은 연인과의 사랑, 이별, 그리고 재회에 대한 이야기라서 본 프로그램에서 다루고자 하는 내용과 차이가 있지만, 반려동물과 만나 사랑을 했고 사별을 통해 헤어졌으며, 다시 만날 수는 없지만 그리워하는 측면들은 같은 맥락이라고 볼 수도 있겠다. 따라서 본 활동은 반려동물과의 이별을 수용하기 위한 실천 계획을 구체적으로 수립한다는 의미에서 '이별 3부작 완성하기'라는 제목을 차용해봤다. 활동지 양식은 〈관련 활동 6-1〉에 담았다.

| 관련 활동 6-1 |

이별 3부작 완성하기

이별의 온전한 수용을 위해 단계별로 3부작을 완성해 봅시다.

단계	내용
1부작	
2부작	
3부작	

7세션

1) 세부목표 : 애도하기 1

심리 과정으로서의 애도에 대한 프로이트의 최초의 이해를 따랐던 영국 이론가들은 새로운 내재화가 상실한 대상과의 관계 양태에서 형성된 이전의 구성물들을 보다 성숙한 상징적 구조물로 대체하거나 수정하는데 기여할 수 있다는 사실을 깨닫기 시작했다. 후기의 이론가들은 애도 과정이 외부의 대인 관계적 현실 안에 새로운 대상 연결을 허용할 뿐만 아니라, 상실한 대상이 제공한 것을 능가하는 새로운 내재화를 위한 심리적 공간을 열어준다는 사실을 알게 되었다. 이 새로운 심리적 내재화는 상실한 과거 대상과의 관계 양태에서 형성됐던 것을 보다 성숙한 상징적 구조로 대체하는데 기여한다. 낡은 관계 양태들이 일차적으로 병리적이었건 아니었건 간에, 그것들을 포기하고 그것들의 초기 청사진의 영향을 수정할 수 있는 이 기회는 심리 변화를 위한 유일한 희망이다. 그리고 그것은 심리 구조의 변형만큼이나 그 구조의 수정에 달려 있다.[37]

2) 문학작품

도서 : 세상에서 가장 멋진 장례식 / 울프 닐손 글, 에바 에릭손 그림, 임정희 옮김 / 시공주니어 / 2008

무료함을 달래기 위해 죽은 벌을 위해 장례식을 해주었다가, 본격적으로 동물들을 위한 장례 회사를 차린 아이들, 그 아이들은 장례에 필요한 모든 것을 담아 장례 가방을 꾸리고, 자신들만 아는 빈 터를 묘지로 삼아 장례식 비용까지 받기로 한다. 뿐만 아니라 세 아이는 무덤 만들기, 추모 시 짓기, 울어 주기 등 장례 의식을 위한 역할 분담도 한다.

---

37) 수잔 캐벌러-애들러 지음, 이재훈 옮김. 2009.『애도 : 대상관계 정신분석적 관점』. 서울: 한국심리치료연구소. p. 89.

장례식은 죽은 사람을 땅에 묻거나 화장하는 장사를 지내는 의식이다. 국가마다, 지역마다, 집안마다 의식이 다르게 치러질 수 있지만, 분명한 것은 이 과정들이 가족 등 고인을 떠나보내는 사람들에게 애도를 할 수 있는 기회라는 점이다. 일례로 불교에서 사람이 죽은 날로부터 매 7일째마다 7회에 걸쳐서 49일 동안 개최하는 종교 의례인 49재(四十九齋)는 고인의 극락왕생(極樂往生)을 기원하는 것이 가장 큰 목적이라고 하지만, 적어도 일곱 번 동안 애도할 수 있는 장을 마련하는 것이라고도 할 수 있다.

7세션을 위해 이 그림책을 선정한 이유는 장례식이 애도의 첫 단계이기 때문이다. 그런데 장례식을 치를 당시에는 사별의 충격으로 경황이 없었고, 문상객들을 맞이하느라 여유도 없어서 애도를 제대로 하지 못했다면 자신만의 의식을 다시 준비하고 실행하는 것이 도움이 될 거라고 생각했다.

3) 관련 활동

① 무지개다리 만들기

'무지개다리(Rainbow Bridge)'는 키우던 반려동물이 죽으면 간다고 하는 비유적인 장소 또는 신화적인 장소이다. 이 용어는 1980년대에서 1990년대 사이에 작성된 저자 미상의 산문시의 주제로 다루어지면서 알려지게 되었고, 반려동물을 잃은 사람들 사이에서 널리 알려지게 되었다. 다만 그렇다고 해서 죽은 반려동물이 주인을 기다리는 이 같은 장소에 대해 전해져 오고 있는 종교는 존재하지 않는다. 북유럽 신화에 거론되는 비프로스트 다리가 신의 나라와 인간 세계를 연결하는 다리로 묘사가 되지만, 반려동물이 생전에 주인을 기다리는 장소는 아니다. 그러나 세상을 넘어 세계로 영혼을 인도하는 장소로는 유사성이 있고, 이미 일반명사처럼 사용되고 있는 용어이기 때문에 근거나 정확한 출처 여부가 중요하지는 않은 것 같다.

'무지개다리 만들기' 활동은 애도를 위한 나만의 장례식의 첫 번째 준비 과정으로, 필요한 재료 및 만드는 방법, 완성본은 다음의 사진을 참조하시기 바란다. 도안 및 완성본 사진은 네이버 블로그 '꼬질꼬질 니나곰이 부리는 재주'[38]에서 가져온 것임을 밝힌다.

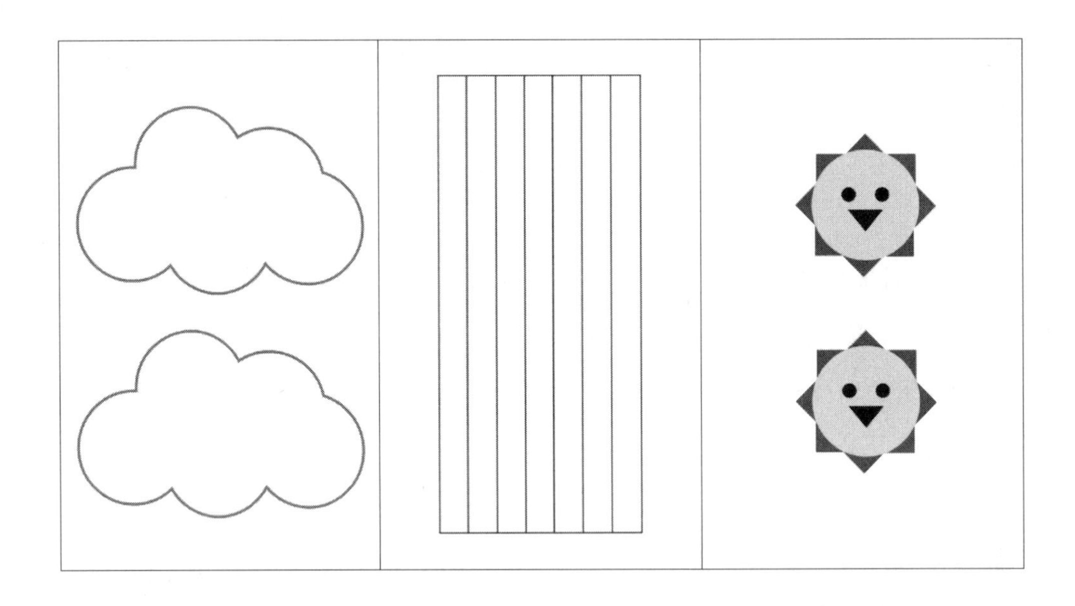

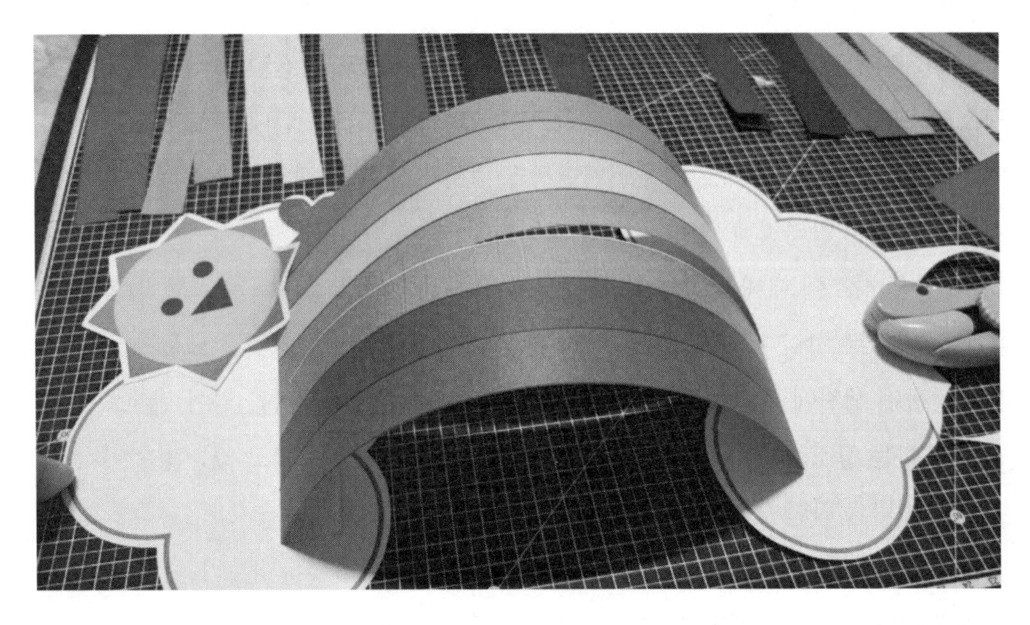

38) 꼬질꼬질 니나곰이 부리는 재주. 네이버 블로그. https://blog.naver.com/ninagombbox/221977656547

② 조문보 쓰기

'조문보(弔問報)'란 고인의 살아온 인생을 가족들의 회고를 통해 정리한 짧은 팸플릿 형식의 문서나, 생전 사진으로 만든 간단한 영상 등을 뜻한다. 조문보에는 고인이 살아온 이야기가 담겨 있어 조문객이 고인의 삶을 이해하고 진심어린 애도를 할 수 있게 도와준다. 또, 고인의 추도식 때에는 추도문으로 활용되기도 한다.

따라서 7세션을 위한 '조문보 쓰기' 활동은 애도를 위한 나만의 장례식의 두 번째 준비 과정으로, 우선 A4 용지를 활용해 책 만들기에서의 기본 책을 만드는 것으로 시작해 보자. 이어서 내용 주체를 사람이 아닌 반려동물로 바꾸고 사진이나 그림과 함께 정리한 내용을 담을 수 있게 하면 된다. 기본 책 만들기 방법은 매우 간단하니 모르는 분들은 검색을 해보시라는 제안과 함께 구체적인 설명은 생략하고자 한다.

8세션

1) 세부목표 : 애도하기 2

일명 '펫 로스 증후군(Pet Loss Syndrome)'이라고 불리는 '반려동물 상실 증후군'이라는 것이 있다. 이 증후군은 가족처럼 키우던 반려동물이 죽었을 때 키우던 사람이 슬픔이나 정신적 장애를 겪는 현상을 말하는 것으로, 반려동물을 가족으로 여기는 '펫팸족'이 증가하면서 나타난 현상이라고 할 수 있다. 『인간과 개, 고양이의 관계 심리학』의 저자인 세르주 치코티와 니콜라 게갱은 "반려동물의 죽음에 남자들은 가까운 친구를 잃었을 때, 여자들은 자녀를 잃었을 때와 같은 고통을 느낀다."고 말했다. 그만큼 반려동물의 죽음이 가족들에게 정신적 스트레스를 불러일으킨다는 것이다.

이와 같은 펫 로스 증후군의 주요 증세로는 좀 더 잘 돌보지 못했다는 죄책임, 다양한 이유를 가진 반려동물들의 죽음 원인에 대한 분노 조절의 실패, 우울증 등이 있다. 따라서 펫 로스 증후군은 보통 외상 후 스트레스 장애(PTSD)에 속하게 되며, 심할 경우 자살까지 이어질 수도 있다. 실제 펫 로스를 경험한 사람의 4분의 3 정도가 직장생활과 사회관계에서 어려움을 겪는 것으로 알려져 있고, 2012년 2월에는 부산 남구 대연동의 30대 여성이 강아지의 죽음을 슬퍼하다 착화탄을 피워 자살하는 일이 발생하기도 했다고 한다.

따라서 8세션에서는 지난 7세션과 연계해 애도하기를 통해 심리·정서적으로 건강한 생활을 해나갈 수 있도록 돕는데 세부목표가 있다.

2) 문학작품

① 시 : 무지개다리를 건너 / 작자미상 / 연도미상(1980-1990년대로 추정)

이 시는 반려동물을 잃은 사람들의 고통을 덜어주기 위해 1980-1990년대 사이에 작성되었을 것으로 추정된다. 정확히 누가 쓴 것인지, 출처가 어디인지도 명확하지 않지만 반려동물을 키우다 사별한 사람들에게는 일반명사처럼 쓰이고 있는 용어가 되었기 때문에, 이 시가 참여 청소년들에게도 도움이 될 것 같아 선택했다. 시의 전문은 〈문학작품 8-1〉에 제시했다.

② 도서 : 우리가 헤어지는 날 / 정주희 글·그림 / 책읽는곰 / 2017

주인공 아이는 반려 고양이 코코의 죽음에 커다란 상실감을 느낀다. 언제까지나 함께할 줄 알았기에, 갑작스레 찾아온 이별을 받아들이기가 쉽지 않았다. 그래서 아이는 "너와 보낸 모든 순간을 내 기억상자에 담아 둘 거야."라고 말하며 자신만의 기억상자를 만든다. 또한 코코를 다시 만나게 해달라고 밤새 달님에게 기도를 하는데, 그 간절함이 전해졌는지 코코가 돌아오게 된다. 하지만 다시 떠나게 된 코코, 아이는 코코에게 잘 가라는 인사를 하며 그제야 이별을 받아들인다.

3) 관련 활동

① 모방 시 쓰기

이 활동은 앞서 소개한 문학작품 '무지개다리를 건너'를 모방해서 시의 형태로 써 보는 것으로, 애도를 위한 나만의 장례식의 세 번째 준비 과정이다. 시 쓰기를 위한 활동지는 줄 노트 형식으로 준비해 참여 청소년들에게 제공해 주면 되고, 내용이나 분량은 자유롭게 정할 수 있도록 하면 좋다.

② 기억상자 만들기

'기억상자(記憶箱子)'는 '타임캡슐'과 비슷한 말로, 그 시대를 대표하는 기록이나 물건을 담아서 후세에 온전히 전할 목적으로 고안한 용기를 뜻한다. 8세션을 위해 선정한 두 번째 문학작품 '우리가 헤어지는 날'에도 등장하는 것이며, 애도를 위한 나만의 장례식의 마지막 과정이다. 즉, 그동안 애도를 위해 준비했던 '무지개다리', '조문보', '모방 시', 그리고 반려동물의 사진이나 남기고 싶은 것들을 담아서 보관할 수 있도록 제안하면 되겠다.

| 문학작품 8-1 |

무지개다리를 건너

– 작자미상 –

천국으로 가는 길의 바로 옆에는
아름다운 색으로 물들인 무지개다리가 있습니다.
우리가 가까운 반려동물이 죽으면
여기, 무지개다리로 갑니다.

우리의 특별한 친구들을 위한
초원과 언덕이 있어서 함께 놀 수 있습니다.
이곳엔 음식, 물, 햇빛이 풍부하며
친구들 모두 따뜻하고 편안합니다.
병이 있고 늙은 모든 동물은
건강과 활력으로 회복되며,
상처를 입었거나 장애가 있는 친구들은
다시 온전해지고 강해졌습니다.

한 가지 만을 제외하면
동물들은 행복하고 만족스럽습니다.
그들 뒤에 남겨져야 했던
매우 특별한 누군가를 기억하면서
그들은 모두 함께 달리고 있습니다.

그런데 어느 날, 그 중 한 강아지가
가던 길을 멈춰 서서 먼 곳을 응시하고 있습니다.

그 눈동자는 반짝반짝 빛나고
몸은 기쁨에 떨기 시작합니다.
날아갈 듯이 빠르게 달려가던 한 마리의 강아지는
지상에서 함께했던 당신이
이곳으로 오고 있는 것을 발견했기 때문입니다.

당신과 반려견은 기뻐서 서로 얼싸안고
행복의 키스를 서로의 얼굴에 퍼부으면서
부드럽고 다정하게 쓰다듬습니다.
그리고 신뢰에 넘치는 반려견의 눈동자를 한 번 더 쳐다봅니다.

당신의 인생에서 오랫동안 떨어져 있었지만
진정 단 하루도 잊은 적이 없습니다.
그 눈동자를 바라보며 둘은 무지개다리를 함께 건넙니다.

『무지개다리를 건너 / 작자미상 / 발행처 · 발행지불명 / 1980-1990[?]』

9세션

1) 세부목표 : 나 위로하기

『음식 없이 나를 위로하는 50가지 방법 : 심리적 허기로 음식을 찾는 사람들을 위한 자기 진정법 / 수잔 앨버스 지음, 서영조 옮김 / 전나무숲 / 2013』이라는 책은, 신체적으로 배가 고프지 않은데도 일과 감정 등에서 오는 스트레스를 식욕으로 오인해 음식 중독에 빠진 사람들이, 먹고 싶은 충동을 가라앉히고 심리적 허기와 신체적 허기를 구별해 악순환의 고리에서 빠져나올 수 있는 방안들을 제시하고 있다.

총 다섯 개의 장으로 구성된 책의 내용은 1장 마음 챙기기에서 '만트라 명상 훈련을 한다', '호흡으로 내 몸을 살린다', '기도문을 암송한다', '행복한 순간을 떠올린다' 등의 방법을 제안하고, 2장 생각 바꾸기에서는 '마음 일기를 쓴다', '온몸으로 크게 웃기', '공상으로 우울한 기분을 날려버린다', '지금 할 수 있는 일만 한다', '잡념을 비우고 멍하니 있는다', '긍정을 말을 소리 내어 한다' 등의 방법도 제안하고 있다. 또한 3장 감각 진정시키에서는 '아로마테라피를 이용한다', '요가를 한다', '10분 낮잠으로 활력을 채운다', '서랍 하나를 정리한다', '셀프 마사지를 한다'를, 4장 관심 돌리기에서는 '나만의 립스틱을 산다', '영화를 보며 카타르시스를 느낀다', '나만의 18번 노래를 부른다', '식물을 키운다'를 제안하고 있다. 마지막으로 5장 관계를 통해 자기 진정하기에서는 '수다를 떤다', '마음속 상상의 친구와 대화를 한다', '애완동물과 한바탕 뒹군다', '사랑하는 이와 포옹을 한다', '자원봉사 활동을 한다', '지금 당장 사람들과 만난다' 등의 방법을 제안하고 있다.

9세션의 세부목표인 '나 위로하기'를 설명하기 위해 저 책을 소개한 이유는, 반려동물과의 사별로 내게도 심리·정서적 공허함이 생겼고 그것이 더 부정적이 상황을 유발할 수도 있기 때문에, 이상의 내용들을 참고해 스스로를 위로할 수 있는 방안들을 최대한 많이 찾고 그것들을 실천할 수 있기를 바랐기 때문이다.

2) 문학작품

도서 : 사랑하는 고양이가 죽은 날 / 그뤼 모우르순 글·그림, 한주연 옮김 / 찰리북 / 2017

이 그림책은 동물이 도로에서 자동차 등에 치여 사망하는 것을 뜻하는 '로드 킬(Road Kill)'을 소재로 하고 있다. 학교에서 돌아온 나는 색연필로 동네 그림을 그리던 중 옆집 아줌마로부터 고양이 함푸스가 죽은 것 같다는 말을 듣는다. 그래서 엄마와 함께 옆집 지하실에 가서 확인을 했더니 정말 함푸스가 축 늘어진 채로 죽어 있었다. 그 순간 심장이 쾅쾅 뛰고 활활 타올랐는데, 마침 소식을 듣고 모여든 친구들, 동생과 함께 자동차로 함푸스를 친 범인을 찾아 나서기로 한다.

수명이 다한 것도 아닌데 사고로 인해 갑자기 반려동물을 떠나보내는 상황이 발생하면 그 충격과 슬픔이 훨씬 클 것이다. 이 책의 주인공인 나와 동생, 친구들이 그런 상황을 겪는데, 이때 그 슬픔을 빨리 극복하려 하지 말고 오랫동안 천천히 들여다보고 앞으로 걸어가고 싶을 때까지 슬픔을 갖고 있어도 된다고 말해준다.

9세션을 위해 이 그림책을 문학작품으로 선정한 이유는 나에 대한 위로를 자신이 원하는 방법과 속도대로 실천하는 것이 필요하고 중요하다는 이야기를 해주고 싶었기 때문이다. 부디 프로그램에 참여한 청소년들이 자신을 위로할 수 있는 방안을 찾아 실천할 수 있기를 바라면서 말이다.

3) 관련 활동

① 나를 위로하는 방법 목록 만들기

'나의 꿈 목록', '버킷리스트 만들기'와 같이 목록 만들기도 독서치료 장면에서 여러 차례 활용된 바가 있는 활동이다. 활동 시 참여 청소년들에게 제시할 활동지 양식은 〈관련 활동 9-1〉에 담았다.

| 관련 활동 9-1 |

나를 위로하는 방법 목록 만들기

사별의 고통으로부터 나를 위로해 심리·정서적으로
다시 건강한 상태로 회복될 수 있는 방법에는 어떤 것들이 있을까요?
방법과 함께 구체적인 실천 방안까지 적어보세요.

방법	구체적 실천 방안

10세션

1) 세부목표 : 가족과 함께 나누기

『그래도 가족입니다 / 설기문 지음 / 소울메이트 / 2013』라는 책이 있다. 이 책에서는 제목에서 이미 드러내고 있는 것처럼 상처받은 마음을 보듬어줄 수 있는 존재는 가족이라고 역설하고 있다. 따라서 상처를 보듬어주고 애틋함을 느낄 수 있는 글귀들, 보기만 해도 마음이 따뜻해지는 사진들을 통해 가족의 소중함에 대해 다시 한 번 생각해 볼 수 있는 기회를 제공한다.

10세션의 세부목표는 '가족과 함께 나누기'이다. 물론 어떤 때에는 가족으로부터 상처를 받기도 하지만, 혈연으로 이어져 있으면서 가장 많은 시간을 가까이에서 보내며 여러 경험을 공유하고 있는 가족들이야말로, 서로를 극진히 보살피며 위로할 수 있는 사람들이다. 따라서 이번 세션에서는 가족들과 함께 나눔을 통해 애도에 한 걸음 더 가까워질 수 있도록 도울 필요가 있다.

2) 문학작품

도서 : 날아라, 고양이 / 트리누 란 글, 아네 피코 그림, 정철우 옮김 / 분홍고래 / 2017

이 그림책에 등장하는 고양이는 여우와 싸우고 훌쩍 여행을 떠나기도 할 정도로 용감한 캐릭터였다. 하지만 이제는 늙고 병들어 귀도 거의 없고 한쪽 눈도 보이지 않는다. 게다가 한쪽 다리는 절고, 이가 하나도 없어 음식도 제대로 씹어 먹지 못하며, 여우와 싸우지도 못한다. 그래서 주변 사람들은 이제 그만 고양이를 보내주라고 말한다. 하지만 가족들은 비록 늙고 병든 고양이가 보지도 듣지도 못하고 잠이 많이 늘었지만, 스스로 생을 마감할 때까지 기다려 주기로 한다. 이때 소녀는 할머니가 된 자신을 떠올리고 언젠가 고양이처럼 삶을 마감한다면, 고양이가 있는 그곳에서 할머니와 할아버지와 고양이와 다시 만날 거라는 상상을 한다.

10세션을 위한 문학작품으로 이 그림책을 선정한 이유는 가족들이 고양이의 죽음을 맞이하는 자세를 참여 청소년들과 함께 보고, 내 가족과 함께 애도할 방법을 모색할 수 있도록 돕기 위해서이다.

3) 관련 활동

① 반려 가족 가계도 그리기

보웬(Murray Bowen)은 다세대 가족 체계에 관한 자료를 수집하고 정리하기 위해 '가족 도형'이라는 용어를 사용했고, 1972년 이후에는 '가계도'라는 용어로 대체했다. 가계도는 전형적으로 3세대를 묘사하는 가족 계보 도표로, 가족의 생활사를 수집하고 평가하기 위해 활용되며 심리치료 과정에서 관계 과정과 삼각관계를 추적하기 위한 목적 등에 활용된다. 이런 과정은 가족들이 지금까지 알지 못했기에 무시해 왔던 가족사에 대한 기본 지식을 조직화하는데 유용하다. 즉, 가계도는 가족의 정서 체계에 대한 정보와 융합 정도 등의 정보를 제공해 주기 때문에 단순히 한 가족에 대한 도식적 설명 이상이라고 할 수 있다.

'반려 가족 가계도 그리기' 활동은 기존의 가계도에 반려동물을 포함시키는 것으로, 남성(수컷)은 □ 여성(암컷)은 ○ 도형을 활용하는 기존의 체계를 그대로 따르면 된다. 이때 사진을 활용하는 것도 한 방법으로 완성된 가계도는 가족사진처럼 액자에 넣어 벽에 걸거나 테이블 위에 올려놓도록 한다.

11세션

1) 세부목표 : 회복하기

병원에 가면 수술이 끝난 직후 마취 상태로부터 회복을 하거나 간호를 받기 위해 환자가 일정 기간 안정을 취하는 방인 '회복실'이 있다. 또한 태어날 때 몸무게가 2.5 킬로그램 미만의 미숙아나 건강에 이상이 있는 신생아를 넣어 키우는 기기인 '인큐베이터(Incubator)'도 있다. 이런 장소나 기계들처럼 반려동물과의 사별로 인해 애도가 필요한 사람들의 심리·정서적 상처와 고통을 말끔히 낫게 해주는 것이 있다면 얼마나 좋을까?

어느덧 프로그램의 종결을 향해 가고 있는 11세션의 세부목표는 '회복하기'이다. 이미 본 프로그램에 10세션까지 참여를 했다면 상당 부분 회복이 되었겠지만, 최종 정리를 하면서 다시 한 번 회복의 기회를 갖는다고 생각하면 되는 시간이다.

2) 문학작품

도서 : 강아지와 나, 같은 날 태어났어 / 노부미 글·그림, 황진희 옮김 / 한솔수북 / 2019

일생을 살며 많은 사람들과 관계를 맺어도 나와 생일이 같은 이를 만나는 것은 쉽지 않다. 그런데 내가 키우게 된 강아지 두 마리가 모두 생일이 같다는 것은 정말 동화 속에서나 등장할 법한 이야기이다.

11세션을 위한 문학작품으로 선정한 이 그림책에는 나, 콩이, 그리고 콩이 다음으로 만나게 된 강아지의 생일이 모두 같다. 작가는 이런 상황을 내가 강아지들을 선택한 것이 아니라, 강아지들이 주인으로 나를 선택해서 온 것이라고 말한다. 그러므로 이미 생을 마감한 콩이에게 너무 미안해하지 말고 새 강아지와 잘 지내라고 한다.

시인 성봉수는 그의 시에서 '사람이 다른 사람으로 잊혀진다'고 했고, 가수 하림은 그의 노래에서 '사랑이 다른 사랑으로 잊혀진다'고 했다. 이들의 이야기를 본 프로그램에 적용하면 반려동물이 다른 반려동물로 잊혀지고, 한 반려동물에 대한 사랑이 다른 반려동물에 대한 사랑으로 잊혀진다고 할 수 있겠다. 반려동물과 사별한 사람 중에는 그 충격이 너무 크기도 했고, 다른 반려동물을 사랑하면 이전 반려동물에게 미안한 마음이 들까봐 시도를 못하는 경우도 있다고 한다. 하지만 살아남은 사람들은 다시 살아가는 것이 자연의 순리이지 않겠는가. 그러므로 앞서 소개한 그림책의 내용처럼 나를 선택하는 반려동물들을 다시 만남으로써 회복을 했으면 좋겠다.

3) 관련 활동

① 내가 다시 키우고 싶은 반려동물 소개하기

반려동물과 사별 이후 이미 다른 동물을 키우고 있거나, 두 마리 이상의 반려동물을 키우고 있었기 때문에 다른 동물이 남아 있는 참여 청소년들도 있을 것이다. 그럼에도 이 활동은 만약 다시 반려동물을 키운다면 어떤 것을 왜 키우고 싶은가에 대해 이야기 나누어 보는 것이다.

12세션

1) 세부목표 : 성장하기

그럼에도 겪고 싶지 않겠지만, 겪지 않는 것이 더 낫겠지만, 시련과 고난은 사람을 성장시키는 힘을 갖고 있다고 한다. 따라서 반려동물과의 사별이라는 상처와 고통 또한 본 프로그램에 참여한 청소년들의 인류애, 책임감 등을 성장시킬 것이라 생각된다.

이에 마지막 12세션의 세부목표는 '성장하기'로 정했다. 여기서의 성장은 프로그램에 참여한 청소년 개인은 물론이고 반려동물을 키우는 사람과 그렇지 않은 사람들 모두, 나아가 반려동물 및 야생동물들을 위한 법과 정책까지 모든 것들이 더불어 살아갈 수 있는 것이 될 수 있기를 바라는 측면을 모두 포함한 것이다.

2) 문학작품

① 도서 : 정말 멋진 날이야 / 김혜원 글·그림 / 고래뱃속 / 2019

이 책은 이미 세상을 떠난 파란 개가 화자의 입장으로 등장한다. 그런데 알고 보니 이 개는 시우가 키우던 갈색 강아지였다. 하지만 이미 죽은 상태로 시우와의 만남, 함께 생활했던 추억들을 회상하며, 반려동물과 사별한 사람들이 슬픔에서 벗어나 다시 웃으며 일상으로 돌아가 이제부터는 사랑이 필요한 다른 외로운 이들에게 나누어 주었으면 좋겠다는 메시지를 전해준다.

② 도서 : 이젠 안녕 / 마거릿 와일드 글, 프레야 블랙우드 그림, 천미나 옮김 / 책과 콩나무 / 2010

해리에게는 귀여운 강아지 '호퍼'가 있다. 이 강아지가 그런 이름을 갖게 된 것은 메뚜기처럼 폴짝폴짝 뛰었기 때문인데, 아무튼 해리는 호퍼에게 여러 가지 재주를 가르치고, 목욕을 해야 할 때는 숨겨주기도 했다. 또한 매일 밤 아빠 몰래 호퍼와 함께 침대에서 잠을 자기도 했다. 그러던 어느 날 갑작스러운 사고로 호퍼가 떠나게 되었고, 아무 준비도 못한 상태였던 해리는 큰 충격을 받는다. 따라서 다시 만날 수 있을 거라는 믿음을 갖고 언제까지나 호퍼를 기다리는데, 그 마음이 통했는지 호퍼가 해리 곁으로 찾아온다. 하지만 잠깐의 만남이었기에 해리는 호퍼를 품에 안고 "잘 가, 호퍼."라고 말하면서 준비된 이별을 한다.

마지막 12세션을 위해 선정한 문학작품인 그림책 두 편은 앞서 소개한 작품들과 비슷한 내용을 담고 있다. 그럼에도 반복적인 장의 마련을 통해 참여 청소년들이 애도를 할 수 있는 기회를 주고, 독서치료적 원리인 동일시-카타르시스-통찰-내 삶 적용의 단계를 거쳐 결국 도움 받을 수 있도록 하기 위한 목적이었다. 따라서 마지막 그림책까지 최선을 다해 담백하게 읽어주고 발문을 통해 충분한 이야기까지 나눈 뒤, 마지막 활동까지 이어가 프로그램을 무사히 마치면 되겠다.

3) 관련 활동

① 보내지 않을 편지 쓰기

보내지 않을 편지는 카타르시스(catharsis), 완성(completion), 그리고 명확성(clarity)을 위한 놀라운 글쓰기 도구가 될 수 있다. 표현은 분노, 슬픔 같은 깊은 내적 정서를 표현하기 위한 훌륭한 수단인데, 이때 보내지 않을 편지는 어떤 일을 종결짓거나 그 일에 대한 통찰력을 얻기 위해 선택할 수 있는 방법 가운데 하나이다.

이 기법은 쓴 편지를 절대 상대방에게 보내지 않는다는 원칙을 전제로 시작하는데, 이미 사별을 했기에 어차피 보낼 수 없다는 상황에서 반려동물과 자신에게 감사와 위로의 내용을 담은 뒤, 함께 읽고 나누는 시간을 가지면 되겠다.

② 참여 소감 나누기

본 프로그램에 참여한 청소년들 중에는 태어났을 때부터 이미 집에 반려동물이 살고 있었거나, 아주 어릴 때부터 반려동물을 키웠던 상황이 많을 것이다. 따라서 사별에 대한 슬픔이 컸을 텐데, 여러 측면에서의 자아정체감도 확립해야 하는 시기라서 역동이 많았을 수도 있다. 따라서 각자 프로그램에 참여하면서 어땠는지 솔직하게 이야기 나누면서 마무리 짓고, 아쉬웠던 측면들은 수정 보완을 위한 근거로 활용하면 좋겠다.

세 번째 애도
자녀와 사별한 부모의
심리 회복을 위한
독서치료 프로그램

세 번째 애도

자녀와 사별한 부모의 심리 회복을 위한 독서치료 프로그램

1. 프로그램 목표

아내 잃은 남편은 홀아비, 남편 잃은 아내는 과부, 부모 잃은 자식은 고아라고 하지만, 자식 잃은 부모를 일컫는 말은 없다고 한다. 예전이라고 해서 모든 자식이 부모보다 오래 산 것만은 아닐 텐데, 유교에서는 자식이 부모보다 먼저 죽는 것을 큰 불효로 여겼고 불교에서도 윤회를 하지 못한 채 삼도천 앞에서 벌을 받는다고 했으니, 어쩌면 드러내놓고 슬퍼할 수 없는 사회 문화적 현상 때문이 아닐까 싶다. 그래서 혹자들은 참혹할 참(慘)에 슬플 척(慽)자를 써서 참혹하고 슬프다는 말을 사용하거나, 가슴 아픈 이별로 인해 마치 창자가 끊어지는 것처럼 처절한 고통을 느낀다고 하여 단장(斷腸)이라고 했다고도 한다. 어쨌든 경중을 따질 필요도 없이 가족 중 누군가를 잃었다는 것은 대부분의 사람들에게 가장 큰 고통일 것임에는 틀림없다.

그런데 현 시대에는 사건 및 사고, 질병 등 다양한 원인들로 인해 이런 고통을 겪는 부모들의 수도 날로 증가하고 있다. 따라서 평생 먼저 간 자식을 가슴에 묻으며 살아가는 사람들도 있고, 그 여파로 결국 가정 해체를 겪는 이들도 있다. 따라서 본 프로그램은 독서치료를 바탕으로 자녀와 사별한 부모의 심리 회복을 돕는데 목표가 있다.

2. 프로그램 구성

본 프로그램도 총 12세션으로 구성되었다. 프로그램의 흐름은 신뢰감과 친밀감 형성을 위한 소개와 마음열기로부터 시작해 사별 경험의 공유, 각자가 갖고 있는 감정을 인식하고 표현하기, 사별 과정과 부모에 대한 기억을 떠올려 정리하기, 이별 수용을 위한 애도하기, 그리고 여러모로 힘든 자기 자신을 위로할 수 있도록 한다. 이어서 모든 것을 가족과 함께 나누며 회복하고 성장할 수 있는 장을 만들어 결국 심리 적응 능력을 향상시켜 자신의 삶에 적응해 살아갈 수 있도록 돕는데 목표가 있다. 따라서 문학작품은 심리·정서적 어려움을 겪고 있는 것만으로도 읽기 능력을 제대로 발휘하기 어려울 수 있다는 참여자들의 상태와, 각 세션별 세부목표도 고려해 참여자들이 읽는데 어려움이 없을 그림책과 시, 영상 등 짧은 것을 위주로 선택하였다. 그래서 미리 읽어오지 않고 프로그램에 참여하면 치료사가 읽어주거나 함께 읽으며 치료적 정보를 통해 통찰에 이를 수 있도록 돕고자 하였다. 나아가 관련 활동 역시 세부목표와 선정한 문학작품과의 연관성을 고려하면서 참여자들이 부담감 대신 안전함을 느끼며 참여할 수 있는 것들로 선정을 했으며, 가능한 이야기를 많이 나누기 위한 수단 정도로만 활용하고자 한다. 본 프로그램은 10명 내외의 집단을 위해 구성한 것이기 때문에 세션 당 운영 시간은 2시간(120분)이지만 3시간이 필요할 수도 있겠다. 구체적인 프로그램 계획은 다음의 〈표 5〉와 같다.

〈표 5〉 자녀와 사별한 부모의 심리 회복을 위한 독서치료 프로그램 계획

세션	세부목표	문학작품	관련 활동
1	프로그램 소개 및 마음 열기	도서 : 나는 죽음이에요	프로그램 소개, 집단 서약서 작성, 자기소개하기 – 나는 ○○의 부모
2	경험의 공유	다큐 : 너를 만났다 – 못 다한 사랑이야기	기억 안아주기
3	감정 인식과 표현	도서 : 슬픔을 건너다	사별로 인한 감정 파이 그리기
4	사별 과정 떠올리기	도서 : 한 말씀만 하소서	그 날의 일기 쓰기
5	기억 정리하기	노래 : 어떤 날도, 어떤 말도	추모패 꾸미기
6	이별 수용하기	도서 : 달을 삼킨 코뿔소	달과 멀어지기, 풍등 날리기
7	애도하기 1	시 : 옳은 말 노래 : 나는 아이들이 잠시 놀러 나갔다고 생각하지	모방 시 쓰기
8	애도하기 2	드라마 : 하이 바이, 마마!	인식 리본 만들기
9	나 위로하기	도서 : 엄마의 말	내가 하고 싶은 것들 목록 작성하기
10	가족과 함께 나누기	도서 : 내가 함께 있을게	가족 세우기
11	회복하기	글 : 퀘렌시아, 자아 회복의 장소를 찾아서	자아 회복 장소 정하기
12	성장하기	드라마 : 산후조리원	애도 과정별 과제 점검, 참여 소감 나누기

1세션

1) 세부목표 : 프로그램 소개 및 마음 열기

항상 이야기 하지만 집단 독서치료 프로그램의 참여자가 되는 아동 및 청소년과 성인은 여러 측면에서 다르다. 그 중 가장 중요한 차이는 성인들의 경우 직접 참여 신청을 해서 왔기 때문에 동기가 높아, 장만 잘 펼쳐 놓으면 큰 도움을 받고 돌아간다는 것이다. 그런데 이렇게 높은 동기도 첫 번째 세션이 어땠는가에 따라 바뀔 수가 있다. 따라서 모든 프로그램의 첫 세션이 중요하지만 특히 성인을 대상으로 할 때는, 상세하면서도 친절한 설명 속에 치료사에 대한 신뢰감가 프로그램 참여에 대한 기대감도 높아질 수 있도록 하는 것이 중요하다. 물론 이 또한 첫 세션부터 형성되는 집단의 역동에도 영향을 받겠지만, 아직 낯설어서 조심스러운 상황일 테니 부정적인 측면은 적을 것이라 생각된다.

2) 문학작품

도서 : 나는 죽음이에요 / 엘리자베스 헬란 라슨 글, 마린 슈나이더 그림, 장미경 옮김 / 마루벌 / 2017

발그스레한 뺨, 푸른색 옷을 입고 머리에 꽃을 단 '죽음'은 보송보송한 털을 가진 작은 동물, 덩치가 큰 동물들을 찾아가기도 하고, 주름이 많은 사람도, 손이 작고 따뜻한 아이들도 찾아간다. 또한 죽음은 이른 아침에 출발하기도 하지만 늦은 밤에 출발하기도 한다. 바다 위 물안개 속이나 한줄기 가느다란 달빛 아래 어디서든 나타날 수 있는 죽음, 그러나 사람들은 죽음을 발견하면 문을 닫고 숨은 채 그냥 지나가기를 바란다. 그러자 죽음은 자신이 있기 때문에 삶이 있고, 영원히 죽지 않는 사랑이 있으며, 이 땅에 태어나는 모든 생명의 길을 정해줄 수 있는 거라고 말한다.

이 그림책은 '삶이 삶이듯, 죽음은 그냥 죽음이에요.'라는 한 문장으로 모든 내용을 요약할 수 있다. 즉, 우리가 삶을 비슷하게 살아내기 때문에 특별하지 않은 것이라고 여기는 것처럼, 죽음도 모든 사람들에게 올 수밖에 없는 자연스러운 일이라는 것이다. 따라서 이 그림책을 1세션을 위한 문학작품으로 선정한 이유는, 누구나 알고 있는 명제로부터 이야기를 시작해 보려는 의도 때문이다.

3) 관련 활동

① 프로그램 소개

② 나의 약속

활동에 대한 설명과 활동지 양식의 예는 앞 프로그램 내용을 참조하고, 참여 대상과 종합목표에 따라 수정 보완 후 활용하시기 바란다.

③ 자기 소개하기

결혼과 동시에 전업 주부가 되고 출산과 동시에 엄마가 되는 여성들은, 어느 순간부터 자신의 이름을 잊고 살게 된다고 한다. 이유는 ○○엄마로 불리기 시작하면서 그것이 익숙해지기 때문이다. 때문에 시간이 흘러 자녀들이 크고 나면 자신의 이름을 잊고 살았던 점에 대해 후회하는 분들도 계시는데, 여기서는 사별을 했기에 이제 더 이상 불릴 수 없는 자녀의 이름을 활용해 '○○엄마/아빠'로 별칭을 지어 자기소개를 시작해 보고자 한다.

2세션

1) 세부목표 : 경험의 공유

암 환자를 위한 지지 표현적 집단치료의 대표적 연구자 가운데 'Spiegel'이라는 사람이 있는데, 다음은 Spiegel 등(2000)[39]이 밝힌 지지적 표현 목표를 기술한 것이다.

먼저 지지적 표현 치료 집단에서 가장 중요한 목표 중 하나는 암 환자들끼리 연대감 구축(Building Bonds)에 초점을 맞춘다는 것이다. 이는 지지적 공감 치료에서 가장 기본이 되는 목표인데, 왜냐하면 사회적 지지는 외상적 사건으로부터 오는 스트레스를 다루는데 중요한 매개 요인이며 고립감이나 무리에서 떨어져 나온 느낌을 줄여준다. 따라서 암 진단으로 고립감을 느끼는 환자가 지지적 집단에 참여할 경우 서로가 연결되는 느낌을 갖도록 초점을 맞출 필요가 있다.

이어서 두 번째 목표는 참여자들이 감정을 표현하는 것이다. 정서를 잘 표현하는 건 암 환자들이 심리사회적 적응을 하는데 중요한 예측 요인이었다. Spiegel은 암 환자들이 전하는 말의 내용이나 문맥을 따라가는 것보다 그들의 감정을 따라가는 것이 더 중요하다고 강조했다. 집단에 참여하는 치료 전문가는 암 환자들이 감정을 표현하도록 도와야 한다. 감정 표현을 통해 참여자는 그들이 만나는 사람과 장소가 그들의 고통을 표현할 수 있고 다룰 수 있는 안전한 집단이라는 사실을 알아차리도록 하는 것이 중요하다고 강조했다. 이처럼 마음을 열고 감정을 표현하는 것은 지지적 표현 집단에서 유대감 형성과 함께 중심적인 목표이다. 따라서 치료 전문가는 환자들이 자신의 감정을 숨기고 있는지 진실 된 표현인지에 관심을 기울여야 하는데, 자신의 감정을 숨길 때에는 많은 에너지가 필요하기 때문이다.

39) Spiegel, D. & Classen, C. 2000. Group Therapy for Cancer Patients. A Research-based Handbook of Psychosocial Care. New York: Basic Books.

깊은 수준의 자기 노출은 참여자의 유대감에도 긍정적인 영향을 준다. 김교헌(2002)[40]에 따르면 상대방이 특정한 의도나 목적 없이 평소에 말 할 수 없는 이야기를 고백하면, 듣는 이는 말하는 이에게 큰 호감을 갖게 된다고 밝혔다. Jones와 Archer(1976)[41]도 상대방이 자신에게 깊은 수준의 노출을 한다고 지각할 때 가장 큰 호감을 갖게 된다고 밝혔다.

지지적 표현 치료 집단의 세 번째 목표는 죽음과 죽어가는 과정을 씻어내는 것(Detoxifying Death Dying)이다. 죽음을 회피하지 않고 직접적으로 다루는 것이 결과적으로 두려움과 불안을 줄여주기 때문이다. 불안과 두려움을 쫓아버리는 것은 불가능하지만 죽음과 죽어감을 직면하면 불안과 두려움을 견디고 다룰 수 있게 된다. 지지적 집단 치료의 목표는 긍정적인 태도를 기르는 데에 있는 것이 아니라, 부정적인 감정들을 견뎌내고 다룰 수 있는 현실적인 태도를 키우는 데에 있다.

지지적 표현 치료 집단의 네 번째 목표는 삶의 우선순위를 재설정(Redefining Life Priorities) 하는데 있다. 지지적 표현 집단에 참여한 암 환자들은 삶에서 자신이 추구하는 가치와 목표를 명확하게 하고, 주어진 시간 속에서 최대한 그 가치와 목표를 이루도록 돕는 것이 지지적 표현 집단의 또 다른 목표이다. 암 환자들은 이 과정에서 새로운 목표를 설정하기도 하고, 현재를 진정으로 즐기기도 한다.

지지적 표현 치료 집단의 다섯 번째 목표는 친구나 가족들로부터 받을 수 있는 도움을 높이는 일이다. 환자들과 가족들은 어려운 주제를 피함으로써 서로를 아끼지만, 회피는 오히려 부정적인 결과를 낳을 수 있다. 따라서 환자들과 가족들이 열린 마음으로 정직한 소통을 할 때 오히려 불안과 우울이 줄어드는 경향을 보였다. 지지적 집단에서는 불안이나 희망사항 또는 두려움과 같은 감정을 가족들에게 표현하도록 연

40) 김교헌. 2002. 속마음 털어놓기와 노년기 건강. 『한국심리학회 학술대회자료집』. 2002(1): 49-64

41) Jones, E. E. & Archer, R. L. 1976. Are three special effects of personalistic self-disclosure. Journal of Experimental Social Psychology. 12: 180-193.

습하고 배우는 과정을 포함한다. 환자들은 다른 환자들의 의견이나 경험을 들으면서 자신이 사회적 도움을 받을 수 있도록 하는 동시에, 두려움과 걱정이 만든 마음의 벽을 허물어뜨린다.

지지적 표현 치료 집단의 마지막 여섯 번째 목표는 대처 기술을 배우고 의사와 관계를 개선하는 것으로, 집단에 참여한 상대방의 경험을 들으며 암 환자들은 그 방법을 터득해 나갈 수 있다.

'지지집단(支持集團)'은 암의 영향과 대처 방법을 논의하는 암 환자 모임과 같이 미래에 일어날 사건에 좀 더 효과적으로 적응하기 위한 방법을 논의하여 구성원들이 삶의 위기에 대처할 수 있도록 돕는 집단을 말한다. 사실 이 프로그램은 지지적 표현 및 공감 치료의 속성을 띠고 있기 때문에, 이 원리들을 바탕으로 함께 사별로 인한 아픔을 공유했을 때 서로에게 도움이 될 수 있다는 점을 확실히 알릴 필요가 있다. 그래서 치료사들이나 공부를 하는 분들도 읽어보시라고 관련 이론을 인용해 온 것이다.

2) 문학작품

다큐 : 너를 만났다 : 못 다한 사랑이야기 - MBC 스페셜 VR 특집 휴먼 다큐멘터리 / MBC-TV 제작 / 2020

단언컨대 이 프로그램을 보고 울지 않은 사람은 없을 것이다. 2020년 2월 6일 MBC-TV를 통해 방송되었던 '너를 만났다 : 못 다한 사랑이야기'는 여러모로 특별했다. 첫 번째로 VR과 HMD(VR 디스플레이), 버츄얼 스튜디오 등의 기술을 적용해 이미 죽은 아이를 영상으로 되살려 엄마와 만나 교감할 수 있게 한 점, 두 번째로 아무 준비도 하지 못한 채 나연이의 죽음을 맞이한 부모(특히 엄마)에게 정말 사랑한다고, 네가 있어서 기쁨이었다는 말을 할 수 있게 해 애도에 도움을 준 점, 세 번째로 VR이 심리치료에 활용될 수 있는 방안을 제시해 준 점 등 때문이다.

아무튼 이 프로그램은 이미 죽은 한 사람을 기억한다는 것에 대한 탐구이자 기록이 되면서, 나연이네 엄마는 물론이고 자녀와 사별한 많은 부모님들께 좋은 꿈을 꾼 듯한 느낌을 선물해 주었을 것이다. 프로그램 영상은 포털 사이트나 유튜브 등을 통해 찾을 수 있다.

3) 관련 활동

① 기억 안아주기

『기억 안아주기 : 소확혐, 작지만 확실히 나쁜 기억 / 글항아리 / 2020』라는 책의 저자이자 삼성서울병원 소아과 의사인 저자 최연호는, 이 책에서 문득 떠오르는 나쁜 기억을 마주치지 않기 위해 사람들은 편견에 사로잡히거나 혐오를 보이거나, 남에게 책임 전가를 하거나 타인의 평가나 거절에 대해 두려움을 갖기도 하며, 집착, 강박, 편집 증상을 보이는 등 다양한 방식으로 대응을 한다고 말한다. 따라서 회피하지 말고 아픈 기억도 부딪혀 보면서 감각에 주의를 기울이고, 그에 따르는 감정을 이해하며, 그 감정을 일으킨 기억과 마주쳐봄으로써, 좋은 경험하기와 좋은 기억으로 왜곡을 하는 것도 나쁜 기억을 없애는 방법이라고 알려준다. 왜냐하면 좋은 기억으로 왜곡하는 것은 인간이 가지고 있는 심리적 면역체계에서 작동하기 때문이다.

2세션을 위해 이 활동을 선정한 이유는 자녀와의 사별을 나쁜 기억이라고 말하는 것이 조심스럽고, 그렇다고 이 기억을 좋은 기억으로 바꿀 수도 없겠지만, 어쨌든 현재 내 삶에 부정적인 영향을 끼치고 있다면 그것을 제대로 꺼내놓고 함께 공감하면서 지지받을 수 있기를 바라는 마음 때문이었다. 따라서 집단 참여자 중 누구든 자신의 사별 경험을 공유하면 다른 참여자들 모두 그 기억을 소중히 안아주는 활동을 해보자. 여기서의 안아주기는 심리적 공감의 다른 표현일 수 있고, 나아가 몸과 몸이 맞닿는 포옹이어도 된다.

3세션

1) 세부목표 : 감정 인식과 표현

위 사진은 미켈란젤로(Michelangelo di Lodovico Buonarroti Simoni, 1475~1564)가 24세에 조각했다는 작품 '피에타(Pieta)'이다. 이탈리아어인 '피에타'는 '자비를 베푸소서!'라는 의미라고 하는데, 성모 마리아가 그리스도의 죽음을 비탄하는 주제를 다루는 것은 당시 회화 및 조각 분야에서 널리 다루어졌고, 14세기 초 독일 미술에서 발전하여 북유럽에서 인기를 끌다가 미켈란젤로 작품에서 절정을 이루었다고 한다. 그러나 미켈란젤로의 '피에타'를 본 사람들은 마리아가 너무 젊은 여성으로 표현되었고 아들을 잃은 슬픔을 전혀 느낄 수 없다며 비난했다고 하는데, 이에 대해 미켈란젤로는 "아들을 잃은 슬픔을 감내하는 여성은 쉽게 늙지 않으며, 담담한 그녀의 표정에서 더 큰 슬픔을 느낄 수 있다."라는 대답을 했다고 한다.

자식을 잃은 부모의 슬픔에 대한 표현은 다음의 문장에서도 느껴볼 수 있다.

자기 갈 길을 떠나는 자식의 눈물은 하루밖에 안 가지만
뒤에 남는 부모의 슬픔은 오래 계속된다.
– John Townsend Trowbridge –

나도 모르게 낙담하여 목소리가 나오질 않았다.
통곡하고 또 통곡하도다! 하늘이 어찌 이렇게 어질지 못하실 수가 있는가.
내가 죽고 네가 사는 게 올바른 이치인데 네가 죽고 내가 사는 것은 무슨 괴상한
이치란 말인가. 온 세상이 깜깜하고 해조차 색이 바래 보인다.
슬프다! 내 작은 아들아, 나를 버리고 어디로 갔느냐!
– 난중일기 / 이순신 / 정유년(1597년) 10월 14일 3남 '이면'의 전사 소식을 듣고 –

3세션의 세부목표는 '감정 인식과 표현'이다. 따라서 자식을 먼저 먼 곳으로 떠나보낸 부모의 감정이 담긴 문장을 두 개 옮겨보았는데, 참여자 분들이 말로 표현할 적당한 말을 찾을 수 있을까 모르겠다. 어쨌든 이 세션에는 자녀와 사별한 후부터 현재까지 내 감정이 어땠는지 인식하고, 그것을 표현해 볼 수 있도록 돕는 것이 중요하다.

2) 문학작품

도서 : 슬픔을 건너다 / 홍승연 지음 / 달그림 / 2018

이 그림책은 사람이 살아가면서 만나게 되는 여러 상실감을 주제로 하고 있다. 작가는 사람이 느끼는 상실감(바닥으로 가라앉는 마음, 시린 상처, 막막함, 도저히 빠져나올 수 없는 상황에서 느껴지는 절망감 등)을 어둡고 차분한 색감과 조형적이면서도 공간미가 느껴지는 이미지로 섬세하게 그려냈는데, 이런 요소는 독자들로 하여금 동일시와 카타르시스를 느끼게 해줄 것이다. 또한 그림에도 몸을 숙여 이 시간을 잘 견뎌내면 아주 작은

희망의 빛을 찾을 수 있을 거라는 소박한 메시지 전달을 통해 통찰에 이를 수 있도록 도와주기도 한다.

3세션의 문학작품으로 이 그림책을 선정한 이유는 강렬한 표지 그림 색깔과 함께 '슬픔'이라는 감정 단어가 활용된 점 때문이다. 또한 상실감을 이겨낼 수 있도록 돕고자 하는 작가의 의지가 프로그램에 참여하는 부모님들께 긍정적 영향을 미칠 것이라 판단했기 때문이기도 하다.

3) 관련 활동

① 사별로 인한 감정 파이 그리기

감정 파이 그리기 및 만들기는 미술치료와 음식치료에서 자주 활용되는 활동으로, 파이처럼 둥근 형태를 조각으로 나누어 그림과 함께 내용을 표현하거나 음식물로 채워보고 그에 대해 이야기 나누는 것이다. 따라서 활동 재료로 무엇을 선택하느냐에 따라 다양한 결과물이 나올 수 있는데, 중요한 것은 색깔이든 음식이든 그 안에 담긴 부모님들의 감정을 제대로 분석하는 것이다.

4세션

1) 세부목표 : 사별 과정 떠올리기

2014년 4월 16일, 전남 진도군 조도면 병풍도 북쪽 20km 해상에서 인천발 제주행 6천 825t급 여객선 '세월호'가 침몰했다. 당시 이 여객선에는 수학여행에 나섰던 안산단원고등학교 2학년 학생 등 476명이 탑승했었는데, 이 사고로 시신 미수습자 5명을 포함해 총 304명이 사망했고 172명은 구조되었다.

사고 이후 벌써 6년이 흘러 배도 인양을 한 상태고, 사고의 원인을 과학적으로 분석해 책임자들이 처벌을 받기도 했지만, 여전히 안타까운 점은 무고한 10대 청소년들과 선생님들이 다수 죽었다는 것이며, 더욱 슬픈 점은 가족들이 그 모습을 텔레비전 화면을 통해 지켜볼 수밖에 없었다는 것이다. 이런 상황은 가족들은 물론이고 전 국민들에게 트라우마가 발생되게 했는데, 결국 자살을 한 사람도 있으니 그 여파가 무척 컸다고 할 수 있다.

4세션의 목표를 설명하면서 '세월호' 이야기를 꺼낸 것은 사별 과정에 대한 이야기를 하기 위해서이다. 물론 부모들에게는 자녀와의 사별 과정을 떠올리고 드러낸다는 것이 힘든 일이지만, 애도를 위해서는 반드시 필요한 작업이다.

2) 문학작품

도서 : 한 말씀만 하소서 / 박완서 글, 한지예 그림 / 세계사 / 2004

이 책은 박완서 작가가 아들의 죽음을 겪으면서 기록한 일기를 가톨릭 잡지 '생활성서'에 1990년 9월부터 1년 동안 연재했던 것을 책으로 엮어 출간한 것이다. 작가는 아들의 죽음이 '수시로 짐승처럼 치받치는 통곡을 마음대로 할 수 없는 일'이었고, 그 '통곡을 고스란히 참기가 너무 힘들어 통곡 대신 미친 듯이 끄적거린 것'이 이 일기라고 말하면서, 내 아들은 죽고 없는데 아무 일 없었다는 듯 돌아가는 무정한 세상에 대한 분노와, 생명을 주관하는 신을 향한 저주까지 뿜어낸다.

이처럼 저자는 아들의 죽음을 겪은 엄마로서 처참함과 비통함을 글쓰기로 승화를 시키면서, 결국 다시 세상으로 돌아오기까지의 과정을 보여주고 있다. 따라서 마찬가지로 자녀와의 사별을 경험한 부모들과 함께 읽고 활동까지 이어볼 생각에 이 작품을 골랐다. 다만 분량이 많은 책이기 때문에 참여자들에게는 미리 읽어오라는 제안을 할 수 있고, 프로그램 세션 중에는 그 중 한 내용을 골라 활용하는 것도 방법이다.

3) 관련 활동

① 그 날의 일기 쓰기

'일기(日記)'는 매일매일의 일과 경험을 개인적인 느낌이나 사고의 추이에 따라 기록하는 자서전적 글의 한 형태이다. 따라서 이 글쓰기는 결국 자아성찰을 할 수 있는 자기와의 대화가 될 수 있는데, 이런 측면들 때문에 상담치료 장면에서는 오래 전부터 내담자 및 참여자들에게 권장되었던 방법이다.

4세션을 위한 활동 '그 날의 일기 쓰기'는 사별 과정 중 각인되어 있는 하루 혹은 한 장면을 떠올려 일기처럼 써보는 것이다. 이 과정 역시 부모들에게는 매우 고통스럽겠지만, 승화의 역할을 해줄 것이다. 참여자들에게 제시할 활동지 양식은 〈관련 활동 4-1〉에 담았다.

| 관련 활동 4-1 |

그 날의 일기 쓰기

자녀와의 사별 과정 가운데 가장 기억에 남는 장면이 있나요?

그 날 혹은 한 장면을 떠올려 일기로 써보세요.

날짜	
떠오르는 장면	
내용	

5세션

1) 세부목표 : 기억 정리하기

루마니아 마라무레슈 중북부, 우크라이나와 국경을 마주하고 있는 작은 마을 서픈차(Sapanta)의 '행복한(즐거운) 묘지'는 세계문화유산으로 지정된 곳이라고 한다. 그 이유는 묘지를 가득 메운 묘비 표면에 그곳에 묻힌 사람을 기리기 위한 그림이 그려져 있고, 더불어 지역 방언으로 쓴 시도 담겨 있기 때문이다. 이 묘비를 조각한 사람 '스탄 이오안 퍼트라쉬(Stan Ioan Patras)'는 죽음을 행복한 사건으로 간주한다는 고대 다치아의 문화에서 영감을 얻어 1935년에 처음으로 참나무에 비문을 새겨 넣었다고 한다. 이후 그가 죽기 전인 1977년까지 약 700개의 묘비를 완성했다고 한다. 행복한 묘지에 있는 묘비 양면에 그려진 그림 중 한쪽은 고인이 살아있을 때의 모습으로 그가 어떤 일을 했던 사람인지에 대해, 다른 한쪽은 죽음의 원인이나 생전에 저질렀던 기행에 대한 표현을 통해 고인에 대한 기억을 정리하려는 노력이 엿보인다. 다음의 사진은 서픈차 마을의 행복한 묘지의 모습을 담은 것이다.

2) 문학작품

노래 : 어떤 날도, 어떤 말도 - 앨범 '자기만의 방' 중에서 / 차세정 작사·작곡, 심규선(Lucia)·에피톤 프로젝트 노래 / NHN벅스 발매 / 2011

책을 많이 읽고 그 의미를 제대로 파악해 노래하기 때문에 은유 시인이라고 칭해지는 심규선(Lucia)의 정규 1집 앨범에 수록된 곡으로, 가슴 아픈 기억, 아쉽고 서운한 마음도 언젠가는 아름다운 눈물로 남을 것이라고 말한다. 가사의 전문은 〈문학작품 5-1〉에 담았으며, 관련 활동에 앞서 진지하게 들어보고, 이어서 활동 중에는 BGM으로 틀어 놓으면 추모패 꾸미기 활동에 도움이 될 것이다.

3) 관련 활동

① 추모패(追慕牌) 꾸미기

추모패는 죽은 사람을 그리고 하고 잊지 않기 위해 글을 쓴 작은 나무나 종이를 뜻한다. 따라서 서픈차 마을의 행복한 묘지에 있는 묘비를 참조해, 납골당에 넣을 수 있는 위패나 수목장에 달 수 있는 표찰의 형태로 만들어 보면 되겠다. 검색을 해보면 실제 위패나 표찰을 제작 및 판매하는 곳도 많지만, 가격의 부담을 줄이기 위해 하드 스틱을 활용해 직접 만드는 것이 의미가 더 클 것이다.

| 문학작품 5-1 |

어떤 날도, 어떤 말도

– 차세정 작사 · 작곡, 심규선(Lucia) · 에피톤 프로젝트 노래 –

함께 했던 많은 계절이
봄에 눈이 녹듯 사라진다 해도
아직 나는 너를 기억해
세상 무엇보다 빛나던 모습을
어떤 날도 어떤 말도
우리 안녕이라 했었던 그 날도
저기 어딘가에 꿈을 꾸던 시간조차도
오랜 영화처럼 다시 빛이 되어 남을 테니
어떤 날도 어떤 말도
우리 안녕이라 했었던 그 날도
문득 고갤 드는 가슴 아픈 기억조차도
언젠가는 아름다운 눈물들로 남을 테니까

저기 우리 행복했었던 시간이
아직도 손에 잡힐 듯
어딘가 아쉬운 마음도
때로는 서운한 마음도
언젠가 함께 했었던 그 약속도
어떤 날도 어떤 말도
우리 안녕이라 했었던 그 날도
문득 고갤 드는 가슴 아픈 기억조차도
언젠가는 아름다운 눈물들로 남을 테니까

함께 했던 많은 계절은
비록 여기에서 끝이 난다해도

『자기만의 방 / NHN벅스 발매 / 2011』

6세션

1) 세부목표 : 이별 수용하기

너무 울면 영혼이 떠나지 못한다는 말 이제 그만 보내줘라

2) 문학작품

도서 : 달을 삼킨 코뿔소 / 김세진 글·그림 / 모래알 / 2017

초원을 뛰어놀며 무럭무럭 자라던 아기 코뿔소는 많은 비로 인해 불어난 강물에서 놀다가 죽게 된다. 비가 잦아들어 강물 위로 떠오른 아기 코뿔소의 모습에 엄마 코뿔소가 뛰어들지만, 그럴 때마다 아기 코뿔소의 모습은 사라져 버린다. 얼마 후 강물에 비친 모습이 아기 코뿔소가 아니라 달빛임을 알게 된 엄마 코뿔소는 달을 삼켜버리게 되고, 그 순간부터 초원은 어둠과 고요에 휩싸인다. 그런데 달을 삼킨 엄마 코뿔소의 배 속에서는 새로운 생명이 자라나 얼마 후 새끼 코뿔소가 태어난다. 그러자 초원에서 사라졌던 달도 다시 돌아오게 된다.

이 그림책의 작가 김세진은 자녀의 친구가 사고로 죽은 경험을 바탕으로 이 이야기를 준비하다가, '세월호' 침몰 사건을 계기로 완성하게 되었다고 한다. 덕분에 우리는 아픔, 상실, 분노, 그리움을 동시에 갖고 있는 엄마 코뿔소를 만나, '달'이라는 그리움의 대상을 하나 더 정립할 수 있게 되었다.

3) 관련 활동

① 달과 멀어지기

이 활동은 앞서 소개한 그림책에서 엄마 코뿔소가 달을 아기 코뿔소라고 여긴 점에 착안해, 달이 사별한 자녀라고 생각했을 때 점차 멀어져 가는 과정을 통해 이별을 몸소 체험하고 수용할 수 있도록 돕는 활동이다. 이 활동을 위해서는 '달 무드 등'을 하나 준비한 뒤, 보조치료사 혹은 참여자 가운데 한 사람에게 등을 맡긴 뒤, 그 등을 들고 사별한 부모 중 주인공이 된 사람의 곁을 처음에는 가까이 천천히, 점차적으로 멀리 빠르게 빙글빙글 돌게 한다. 이때 치료사는 점점 멀어지면서 빨라지는 달을 보며 부모가 어떤 감정을 느끼고 생각을 하는지 이야기를 나누며 치료 상황으로 이끌 필요가 있다.

② 풍등 날리기

'풍등(風燈)'은 중국에서 처음 만들어진 의식과 축제의 도구이자, 열기구의 시초 중 하나로 꼽히는 초롱을 뜻한다. 일반적으로 종이로 만들어진 등 안에 촛불을 밝혀 공기를 데워 하늘로 띄워 보내는데, 건강과 성공 등 자신의 바라는 것을 기원하는 의미를 담고 있다. 불교에서는 돌아가신 분들을 위한 등의 경우 흰색을 사용하기 때문에 해당 의미를 좇고자 하는 분들이 있다면 수용할 필요가 있으며, 겉면에 간단하게 하고 싶은 이야기를 적은 뒤 야외에 나가서 날릴 수 있는 여건이 되면 바로 실행하는 것이 좋겠다.

7세션

1) 세부목표 : 애도하기 1

애도 과정의 단계는 학자에 따라 여러 단계로 분류한다. 그 가운데 1970년대에 정신과 의사였던 파크스(Colin Murray Parkes)와 심리학자 존 볼비(John Bowlby)[42]는 보편적으로 경험하는 애도 반응을 다음의 4단계로 구분지어 설명했다.

첫 번째 단계 : 충격과 무감각의 시기(수일-수주)

사랑하는 사람이 떠났을 때 이를 부정하고 회피하려는 경우가 많이 있다. 그리고 자신이 감당하기 어려운 상실이 일어난 것에 대해서 분노감을 느낀다. 일부는 모든 감각이 멍해져서 정신을 잃고 지내기도 한다. 헤어짐을 예측하지 못한 경우 이 시기는 더 길고 고통스러울 수 있다.

두 번째 단계 : 고인에 대한 강한 그리움의 시기(수주-수개월)

고인을 다시 보고 싶고 만나고 싶어 찾아 방황하는 단계이다. 상실에 대한 슬픔과 그리움에 고인의 사진이나 유품을 하루 종일 바라보기도 한다. 혹은 고인과 친분이 있었던 사람을 찾아 생전의 이야기를 하염없이 듣기도 한다. 하지만 아무리 노력해도 고인을 만날 수 없다는 현실에 좌절감, 분노, 슬픔 등의 감정을 느낀다.

세 번째 단계 : 와해와 절망의 시기(수주-수개월)

사랑하는 사람이 떠났다는 것을 현실로 받아들이는 단계이다. 아무리 노력해도 죽은 사람은 다시 돌아올 수 없다는 생각에 허망함, 절망감을 느끼게 된다. 이 시기 인생의 의미를 잃어버렸다는 느낌이 들고 수면장애, 식욕저하 등을 경험할 수 있다.

---

42) Bowlby, J. & Parkes, C. M. 1970. Separation and loss within the family. In E.J. Anthony (Ed.), The child in his family (pp. 197–216). New York: Wiley.

네 번째 단계 : 재조직과 회복의 시기(수개월-수년)

이 시기 사랑하는 사람과의 추억을 떠올리면 슬픔과 함께 과거 긍정적인 감정도 조금씩 느낄 수 있게 된다. 그리고 강렬하게 느꼈던 상실의 감정도 점차 무뎌지게 된다. 이런 과정을 통해 점차 자신의 생활을 회복하면서 삶의 새로운 목표를 다시 만들어 가게 된다.

이어서 다음은 애도 과정 중에 하지 말아야 할 생각과 질문들이다. 왜냐하면 답을 찾기 어렵기 때문에 끝도 없는 괴로움에 빠질 수 있기 때문이다. 따라서 이런 생각이 떠오르더라도 매몰되지 않도록 노력해야 한다.

▶ 왜 그랬을까?, 왜 그런 일이 벌어졌을까?

▶ 누구의 잘못인가?, 내 탓이야. 내 잘못으로 이런 일이 벌어졌어.

▶ 만약 그때 내가 이렇게 했더라면 어땠을까? 이럴 줄 알았으면 더 잘해줄 것을.

마지막으로 다음의 질문은 애도 과정에 있는 사람들이 조금 더 집중할 필요가 있는 것들이다.

▶ 지금 상황에서 무엇을 해야 하는가?

▶ 그것을 어떻게 할 것인가?

2) 문학작품

① 시 : 옳은 말 - 자식을 잃은 엄마가 쓴 시 / 리타 모란 지음, 류시화 엮음 / 오래된 미래 / 2005

이 시는 자식을 잃은 엄마가 직접 쓴 것으로, 옳은 말, 도움이 될 말이라고 합리화하면서 상처가 될 말을 하지 말아달라고 부탁하는 내용이 담겨 있다. 대신 먼저 떠난 당신의 아이를 기억하고 있다고 말해주고, 내가 내 아이에 대해 말할 수 있도록 들어만 달라며, 나아가 제발 내가 마음껏 울도록 내버려 두라고 요청하고 있다.

따라서 이 시는 자녀를 먼저 떠나보낸 부모들의 애도를 돕기 위해 주변 사람들이 어떻게 해야 하는지를 알려주고 있다. 시의 전문은 〈문학작품 7-1〉에 담았다.

② 나는 아이들이 잠깐 놀러 나갔다고 생각하지 - 죽은 아이를 그리는 노래 중 / 프리드리히 뤼케르트 작시, 구스타프 말러 작곡, 케이틀린 페리어 노래 / Warner Classics EMI / 2012

독일의 시인 프리드리히 뤼케르트(Friedrich Ruckert, 1788-1866)는 사랑하는 아이를 며칠 간격으로 둘이나 잃었다. 그의 막내딸은 성홍열(Scarlet fever)에 걸려 닷새 만에 죽었고, 이어서 다섯 살이던 바로 위의 아이도 같은 병으로 보름 후에 죽게 된다. 이에 뤼케르트는 이 상황을 받아들이기 어렵기도 했고, 어린 나이에 세상을 떠난 아이들이 그리워 매일 시를 쓰기 시작해 400편이 넘는 작품을 남기게 되었다. 하지만 그는 시를 출판할 계획은 전혀 없었는데, 사후 출판이 되어 세상에 널리 알려지게 된다.

그로부터 70여년 후 지휘자이자 작곡가인 구스타프 말러(Gustav Mahler, 1860-1911)는 시집에서 죽음을 상징하는 암흑과 대비하여 구원의 상징인 빛에 대한 표현이 들어있는 시만 5편을 골라 곡을 붙였다. 당시 말러에게는 장녀 마리아와 차녀 안나라는 두 딸이 있었는데, 안타깝게도 이 곡을 발표하고 난 뒤 큰딸이 성홍열에 걸려 결국 죽고 말았다. 그래서 이후 말러는 두 번 다시 이 곡을 연주하지 않았다고 한다.

시를 쓴 사람에게도 곡을 붙인 사람에게도 사랑하는 자녀를 먼저 떠나보냈다는 공통점이 있는 이 곡의 가사는 〈문학작품 7-2〉에 제시했고, 노래는 세션 중에 들려드리고자 한다. 음악은 정서를 건드리는 힘이 더욱 강하기 때문에 참여한 부모들의 오열이 예상되는 바, 휴지는 물론이고 이런 상황을 적절히 치료 작업으로 이끌 수 있도록 많은 준비를 하고 임하기 바란다.

3) 관련 활동

① 모방 시 쓰기

이번 세션을 위함 모방 시 쓰기 활동에서는 자녀의 이름을 시 안에 포함시켜서 쓸 수 있도록 하자. 그 외 방법은 앞서 설명한 바와 같다.

| 문학작품 7-1 |

옳은 말

자식을 잃은 엄마가 쓴 시

- 리타 모란 -

제발 내가 그것을 극복했는지 묻지 말아 주세요.
난 그것을 영원히 극복하지 못할 테니까요.

지금 그가 있는 곳이 이곳보다 더 낫다고 말하지 말아 주세요.
그가 고통 받았다고 난 생각한 적이 없으니까요.

내가 느끼는 것을 당신도 알고 있다고는 말하지 말아 주세요.
당신 또한 아이를 잃었다면 모를까요.

내게 아픔에서 회복되기를 빈다고 말하지 말아 주세요.
잃은 슬픔은 병이 아니니까요.

내가 적어도 그와 함께 많은 해들을 보냈다고는 말하지 말아 주세요.
당신은, 당신의 아이가 몇 살에 죽어야 한다는 건가요?

내게 다만 당신이 내 아이를 기억하고 있다고만 말해 주세요.
만일 당신이 그를 잊지 않았다면.

신은 인간에게 극복할 수 있을 만큼의 형벌만 내린다고는 말하지 말아 주세요.
다만 내게 가슴이 아프다고만 말해 주세요.

내가 내 아이에 대해 말할 수 있도록 단지 들어만 주세요.
그리고 내 아이를 잊지 말아주세요.

제발 내가 마음껏 울도록
지금은 다만 나를 내버려둬 주세요.

『사랑하라 한 번도 상처받지 않은 것처럼 / 류시화 엮음 / 오래된미래 / 2005』

| 문학작품 7-2 |

나는 아이들이 잠깐 놀러 나갔다고 생각하지

죽은 아이를 그리는 노래 중

– 리드리히 뤼케르트 작시, 구스타프 말러 작곡, 케이틀린 페리어 노래 –

나는 종종 생각하네
아이들은 그저 밖으로 놀러 나갔을 뿐이라고
아이들은 곧 집으로 돌아올 것이라고
날씨는 화창하고 불안해 할 것 없다고
아이들은 먼 길로 돌아오고 있을 뿐이라고
그렇지 아이들은 단지 놀러 나갔을 뿐이고
이제 곧 집에 당도하리라고
오 걱정하지 말지니 날씨가 이렇게 화창하니
아이들은 단지 언덕을 돌아오고 있을 뿐이니
그들은 단지 우리보다 앞서 갔을 뿐
그리고 다시는 집에 돌아오지 않는구나
우리도 아이들을 따라 언덕으로 갈 것이니
햇빛 비치는 저 높은 언덕 위에서 만나리

『죽은 아이를 그리는 노래 / 프리드리히 뤼케르트 작시, 구스타프 말러 작곡,
케이틀린 페리어 노래 / Warner Classics EMI / 2012』

8세션

1) 세부목표 : 애도하기 2

노란 리본은 힘든 상황에 있는 사람들이 무사히 돌아오길 바라는 의미로 사용하는 인식 리본이다. '인식 리본(Awareness Ribbon)'은 특정 사회적 문제에 대한 인식 개선이나, 질병 등의 관심 촉구를 위해 상징적으로 사용되는 리본을 말한다. 리본의 색에 따라 상징하는 의미가 다르며, 에이즈를 상징하는 빨간 리본이나 우울증을 상징하는 녹색 리본, 유방암을 상징하는 핑크 리본 등이 대표적이다.

국내에서 인식 리본이 대중화된 것은 세월호 침몰 사건이 발생하고 난 뒤, 배에서 구조되지 못한 채 죽은 사람들을 추모하고 동시에 다시는 이런 일이 없기를 바라는 마음에 많은 사람들이 노란 리본을 패용하면서부터일 것이다. 사실 인식 리본을 직접 옷에 옷핀으로 고정시키기도 하지만, 가방이나 휴대폰에 고리로 달고 다니는 것은 비교적 어렵지 않은 방법으로 추모와 애도를 동시에 하는 일이기 때문에, 이번 세션에는 쉬우면서도 매일 실천할 수 있는 애도하기 방법에 대해 찾아봤으면 한다.

2) 문학작품

드라마 : 하이 바이, 마마! / 권혜주 극본, 유제원 연출, 김태희 등 출연 / tvN / 2020

이 드라마는 임신 중이던 주인공 여성 차유리가 자동차 사고를 당해 딸을 살리고 자신의 목숨을 포기한 뒤, 사별의 아픔을 딛고 새 인생을 시작한 남편과 딸 앞에 귀신으로 나타나 49일을 보낸다는 설정이다. 이 드라마에서는 자녀가 아닌 엄마가 죽은 상태라는 차이점이 있지만, 전체를 관통하는 주제가 죽음에 대한 것이고 중간 중간 자녀에 대한 그리움과 안타까움을 드러내는 장면들이 많아, 그 중 한 장면을 활용하면 본 프로그램에 참여한 부모들의 애도에 도움이 될 것이라 생각했다. 총 16부작 가운데 본 세션을 위해 선정한 장면은, 마지막 16회 중에서도 엄마 차유리가 딸 서우에게 다음 생에도 꼭 엄마에게 오라고 말한 뒤 안아주는 장면이다.

3) 관련 활동

① 인식 리본 만들기

인식 리본은 사별한 자녀를 떠올리며 만들어 부모의 옷이나 가방 등에 패용할 수 있도록 하기 위한 목적이므로, 생전 자녀가 좋아했던 색깔이나 모양으로 만든 뒤 패용까지 한 뒤 소감을 나누어 보면 되겠다. 다음의 사진은 인식 리본의 예시이다.

9세션

1) 세부목표 : 나 위로하기

독서치료 프로그램에서 워낙 많이 활용되었기에 진부하다고 느껴질 수 있는 문학 작품이지만, 그럼에도 나에 대한 위로가 필요하다는 메시지를 정확하게 전해주는 것으로는 이만한 것이 없어서, 치료사의 입장에서 다시 한 번 읽어보신 뒤 9세션에 임하시라는 의미에서 시의 전문을 인용해서 올린다.

나를 위로하는 날 – 이해인

가끔은 아주 가끔은
내가 나를 위로할 필요가 있네

큰일 아닌데도
세상이 끝난 것 같은 죽음을 맛볼 때

남에겐 채 드러나지 않은
나의 허물과 약점들이 나를 잠 못 들게 하고

누구에게도 얼굴을 보이고 싶지 않은
부끄러움에 문 닫고 숨고 싶을 때

괜찮아 괜찮아 힘을 내라구
이제부터 잘하면 되잖아

조금은 계면쩍지만
내가 나를 위로하며 조용히
거울 앞에 설 때가 있네

내가 나에게 조금 더
따뜻하고 너그러워지는 동그란 마음
활짝 웃어주는 마음

남에게 주기 전에
내가 나에게 먼저 주는
위로의 선물이라네

『외딴 마을의 빈집이 되고 싶다 / 이해인 지음 / 열림원』

2) 문학작품

도서 : 엄마의 말 / 최숙희 글·그림 / 책읽는곰 / 2014

순한 눈망울, 보드라운 갈기털, 굳센 네 다리로 어디든 갈 수 있는 말을 좋아한 소녀가 있었다. 하지만 그 소녀는 말뚝에 매인 말이어서 아버지 둘레에만 머물다가, 말을 타고 온 이웃 총각이 자신을 다른 세상으로 데려다 줄 수 있을까 기대하며 결혼을 하게 된다. 그 뒤에는 다섯 아이의 엄마가 되어 아이들의 웃음소리만 들어도 배가 부르고 등이 따습다고 느끼며 살아가고 있었는데, 어느 날 바다를 좋아했던 셋째가 바다에 갔다가 돌아오지 않게 된다. 때문에 힘든 시간을 보내다가 어느 볕 좋은 가을날, 바다로 떠난 망아지에게 작별 인사를 건네고 남은 아이들도 모두 성장해 품을 떠나게 되자, 할머니가 된 엄마는 자신이 살고 싶었던 모습으로, 자신이 살고 싶었던 세상으로 힘차게 달려 나간다.

9세션을 위해 선정한 문학작품인 이 그림책은 자녀와의 사별이 포함되어 있지만 한 여자의 일생에 초점이 맞추어져 있다. 그럼에도 이 그림책을 선정한 이유는 자신만의 인생을 살아오다가 부모가 되어 자녀들을 돌보느라 어느새 자신을 잊고 사는 부모들의 삶 자체를 위로해 주기 위해서이다. 더불어 언젠가 자녀들이 모두 장성하거나 떠나면 다시 자신을 위한 삶을 살아가라는 메시지도 주기 위해서이다.

3) 관련 활동

① 내가 하고 싶은 것들 목록 작성하기

이 활동은 9세션을 위해 선정한 그림책 속 엄마가 자신이 하고 싶은 것을 찾아가는 것처럼, 오롯이 나를 위해 어떤 것을 하고 싶은지 생각해 보고 구체적인 실천 방안까지 모색해 보는 것이다. 아마 하고 싶은 것들을 떠올리고 실천할 수 있는 구체적인 방안까지 모색하면 결국 실천 가능성이 높아질 것이며, 실천을 했을 때의 성취감 때문에라도 자신에 대한 위로가 될 것이다. 참여자들에게 제시할 활동지 양식은 〈관련 활동 9-1〉에 담았다.

| 관련 활동 9-1 |

내가 하고 싶은 것들 목록 작성하기

오롯이 나를 위해 무엇인가를 한다면 어떤 것을 선택하시겠습니까?

우선순위대로 적고, 이어서 그것을 실천할 수 있는 구체적인 방안도 모색해 보세요.

순위	하고 싶은 것	실천 방안
1		
2		
3		
4		
5		
6		
7		

10세션

1) 세부목표 : 가족과 함께 나누기

다음에 소개하는 노래는 싱어 송 라이터인 김윤아 씨가 어떤 사건의 피해자가 된 동생 때문에 가족은 물론 주변 모두가 곤란한 상황이 발생했을 때, 누구보다 방황하는 20대 젊은이들에게 응원을 보내고 싶은 마음에 만들어 부른 것이라고 한다. 가사를 읽어보면 알겠지만 힘들 때 돌아갈 집이 있다는 것, 기다려 주고 잘될 거라고 말해주는 가족이 있다는 것은 커다란 위안이 힘으로 작용할 것이다. 더불어 현대해상의 기업 PR 광고인 '갔다 올게'편도 찾아서 보기 바란다.

Going Home – 김윤아 작사·작곡·노래

집으로 돌아가는 길에
지는 햇살에 마음을 맡기고
나는 너의 일을 떠올리며
수많은 생각에 슬퍼진다
우리는 단지 내일의 일도
지금은 알 수가 없으니까
그저 너의 등을 감싸 안으며
다 잘될 거라고 말할 수밖에
더 해줄 수 있는 일이
있을 것만 같아 초조해져
무거운 너의 어깨와
기나긴 하루하루가 안타까워
내일은 정말 좋은 일이
너에게 생기면 좋겠어

너에겐 자격이 있으니까
이제 짐을 벗고 행복해지길
나는 간절하게 소원해 본다

이 세상은 너와 나에게도
잔인하고 두려운 곳이니까
언제라도 여기로 돌아와
집이 있잖아 내가 있잖아
내일은 정말 좋은 일이
우리를 기다려 주기를
새로운 태양이 떠오르기를
가장 간절하게 바라던 일이
이뤄지기를 난 기도해 본다

『315360 / ㈜인터파크 발매 / 2010』

2) 문학작품

도서 : 내가 함께 있을게 / 볼프 에를부르흐 글·그림, 김경연 옮김 / 웅진주니어 / 2007

어느 날 내게 죽음이 찾아와 자신의 존재를 알린다면 어떨까? 언제 어떻게 죽을지 모른다는 생각을 항상 갖고 있던 사람이라도 무척 당황스러울 것이다. 이 그림책의 주인공인 오리에게도 자신의 존재를 거리낌 없이 밝히는 죽음이 찾아간다. 때문에 처음에는 깜짝 놀랐던 오리도 함께 시간을 보내며 점차 생을 마감할 준비를 하면서, 어쩌면 죽음은 친구처럼 삶의 마지막을 함께 해주기 위해서 기다리고 있었던 것이 아닐까 생각하게 된다.

10세션을 위해 선정한 문학작품인 이 그림책은 우리에게 죽음 역시 삶의 한 부분이기 때문에 소중하게 보듬고 가야 한다, 어쩌면 마지막 순간을 지켜주는 죽음이 있기에 삶 역시 위로받고 있는 것이 틀림없다고 말해준다. 하지만 모든 사람의 생과 사의 장면에는 대부분 가족들이 함께한다. 따라서 실체를 볼 수 없는 죽음보다는 함께 나눔으로써 사별의 슬픔도 줄일 수 있는 가족들에 대한 이야기를 나누고자 이 그림책을 선정했다.

3) 관련 활동

① 가족 세우기(Family Constellation Export)

독일의 신학자이자 심리 철학자, 가족치료사인 버트 헬링거(Bert Hellinger)가 개발한 '가족 세우기'는 가족상담의 한 형태이자 해결 중심적 단기치료 기법 중 한 가지이다. 여기서 말하는 가족은 기혼자의 경우 원가족과 현재의 가족이 모두 포함되는데, 가족 세우기에서 기본 전제가 되는 것은 개인이 어떤 가족 안에서 태어났는지에 따라 그 개인의 문제와 갈등이 달라진다는 점이다. 왜냐하면 모든 사람은 가족 구성원 중 일부가 되어 깊은 관계를 맺기 때문이다. 따라서 본인이 인식하고 있든 그렇지 못하든 관계없이 이미 그의 삶은 어떤 문제와 서로 연관되어 있다. 따라서 가족 세우기에서는 작업을 통해 내 가족 안에 흐르고 있는 역동이 무엇인지 깨달으면 자연스럽게 문제도 해결되기 때문에, 작업 내에서 통찰에 이르는 것을 매우 중요하게 생각한다.

11세션

1) 세부목표 : 회복하기

회복에 임하는 우리들의 자세

어둠 속 시간이
길면 길수록
작은 빛줄기에도
눈을 뜨기 어려운 것처럼
오랜 시간 그림자와 함께 하다 보면
마치 그것이 본래의 나인 것 같아
회복의 길 위에서
빛을 바라보는 자신이
너무나 낯설게 느껴집니다.
하지만 터널 속에서
출구를 보지 않고 헤매다가
어느덧 밝은 빛을 앞두게 되었듯이,
치료를 통해
마법처럼 없던 모습이
나타난 것이 아니라
그가 진짜 당신임을 인정해준다면,
어느덧 당신 곁을 지키고 있는
회복을 만날 수 있을 거예요.

『라이프 유튜브 채널 '마주할 용기' 편 / 사람을 살리는 말 Voice of Life』

2) 문학작품

글 : 퀘렌시아, 자아 회복의 장소를 찾아서 - 새는 날아가면서 뒤돌아보지 않는다 중 / 류시화 지음 / 더숲 / 2017

이 산문집은 이미 SNS를 통해 수만 명의 독자들에게 큰 반향을 일으켰던 '마음이 담긴 길', ''퀘렌시아', '찻잔 속 파리', '화가 나면 소리를 지르는 이유', '혼자 걷는 길은 없다', '마음은 이야기꾼', '장소는 쉽게 속살을 보여 주지 않는다' 등의 글이 담겨 있다. 이 글들은 상실과 회복, 인간에 대한 이해를 주제로 하고 있다.

여러 산문들 가운데 이번 세션을 위한 선정한 글은 '퀘렌시아, 자아 회복의 장소를 찾아서'로, 세상의 위험으로부터 안전하게 회복할 수 있는 곳의 중요성에 대해 이야기 해주고 있다. 따라서 자녀와 사별한 부모들에게도 그런 공간이 있었으면 좋겠다는 바람으로 함께 찾아보고자 선정한 글이다. 글의 전문은 〈문학작품 11-1〉에 옮겨 제시했다.

3) 관련 활동

① **자아 회복 장소 정하기**

집, 숲이나 산, 강이나 바다, 사우나, 노래방, 맛있는 음식이 나오는 식당, 친구네 집, 친정…. 나를 세상의 위험으로부터 안전하게 지켜주는 것은 물론이고 나를 온전히 회복시켜 줄 장소는 어디일까? 이 활동은 스스로 그 장소를 찾아보는 것으로, 집도 물론 익숙하고 편안해서 좋겠지만 가능하면 참여 부모들에게 다른 장소를 정해보게 하면 좋겠다. 나아가 회복이 필요할 때마다 혹은 정기적으로 다녀올 수 있도록 계획을 세워 실천할 수 있도록 하자.

| 문학작품 11-1 |

퀘렌시아, 자아 회복의 장소를 찾아서

– 류시화 –

투우장 한쪽에는 소가 안전하다고 느끼는, 사람들에게는 보이지 않는 구역이 있다. 투우사와 싸우다가 지친 소는 자신이 정한 그 장소로 가서 숨을 고르며 힘을 모은다. 기운을 되찾아 계속 싸우기 위해서다. 그곳에 있으면 소는 더 이상 두렵지 않다. 소만 아는 그 자리를 스페인어로 퀘렌시아(Querencia)라고 부른다. 피난처, 안식처라는 뜻이다.

퀘렌시아는 회복의 장소이다. 세상의 위험으로부터 자신이 안전하다고 느끼는 곳, 힘들고 지쳤을 때 기운을 얻는 곳, 본연의 자기 자신에 가장 가까워지는 곳이다. 산양이나 순록이 두려움 없이 풀을 뜯는 비밀의 장소, 독수리가 마음 놓고 둥지를 트는 거처, 곤충이 비를 피하는 나뭇잎 뒷면, 땅두더지가 숨는 굴이 모두 그곳이다. 안전하고 평화로운 나만의 작은 영역. 명상에서는 이 퀘렌시아를 '인간 내면에 있는 성소'에 비유한다. 명상 역시 자기 안에서 퀘렌시아를 발견하려는 시도이다.

전에 공동체 생활을 할 때, 날마다 열 명이 넘는 방문객이 찾아왔다. 지방에서 온 이들은 며칠씩 묵어가기도 했다. 살아온 환경과 개성이 다른 사람들로 늘 북적였다. 다행히 집 뒤쪽, 외부인의 출입이 차단된 작은 방이 내게 중요한 휴식처가 되어 주었다. 그곳은 오로지 나만을 위한 공간, 나의 퀘렌시아였다. 한두 시간 그 방에 앉아 있는 것만으로도 사람들을 다시 만날 기운이 생겼다. 그 비밀의 방이 없었다면 심신이 고갈되고 사람들에게 치였을 것이다.

내가 만난 영적 스승들이나 명상 교사들도 매일 수많은 사람들과 수행자들을 만나지만 수시로 자신만의 장소에 머물며 새로운 기운을 얻고, 그럼으로써 더 많은 이들에게 가르

침을 펼 수 있었다. 그렇지 않으면 영혼의 샘이 바닥난다.

내 삶에 힘든 순간들이 있었다. 그 순간들을 피해 호흡을 고르지 않으면 극단적인 선택을 하거나 부정적인 감정들로 마음이 피폐해질 수 있었다. 그럴 때마다 여행은 나만의 퀘렌시아였다. 여행지에 도착하는 순간 문제들을 내려놓고, 온전히 나 자신이 되었으며, 마음의 평화를 되찾았다. 그러고 나면 얼마 후 새로운 의욕을 가지고 다시 삶 속으로 뛰어들 수 있었다.

동물들은 본능적으로 퀘렌시아를 안다. 뱀과 개구리는 체온으로 동면의 시기를 정확히 알며, 제주왕나비와 두루미도 매년 이동할 때가 되면 어디로 날아가 휴식할지를 안다. 그것은 존재계가 생명을 지속하기 위한 본능적인 부름이다. 그 휴식이 없으면 생명 활동의 원천이 바닥난다. 인간 역시 언제 일을 내려놓고 쉬어야 하는지 안다. 우리가 귀를 기울이면 몸이 우리에게 말해준다. 퀘렌시아가 필요한 순간임을. 나 자신으로 통하는 본연의 자리, 세상과 마주할 힘을 얻을 장소가 필요하다는 것을.

장소만이 아니다. 결 좋은 목재를 구해다 책상이나 책꽂이 만드는 일에 집중하고 있으면 번뇌가 사라지고 새 기운이 솟는다. 그 자체로 자기 정화의 시간이다. 좋아하는 공간, 가슴 뛰는 일을 하는 시간, 사랑하는 이와의 만남, 이 모두가 우리 삶에 퀘렌시아의 역할을 한다. 소음으로부터 벗어난 곳에서의 명상과 피정, 기도와 묵상의 시간, 하루일과를 마치고 평화로운 음악이나 풀벌레 소리에 귀 기울이는 밤, 내면세계의 안식처를 발견하는 그 시간들이 모두 퀘렌시아이다. 막힌 숨을 트이게 하는 그런 순간들이 없으면 생의 에너지가 메마르고 생각이 거칠어진다.

투우장의 퀘렌시아는 처음부터 정해져 있는 것이 아니다. 투우가 진행되는 동안 소는 어디가 자신에게 가장 안전한 장소이며 숨을 고를 수 있는 자리인지를 살핀다. 그리고 그 장소를 자신의 퀘렌시아로 삼는다. 투우사는 소와의 싸움에서 이기려면 그 장소를 알아내어 소가 그곳으로 가지 못하게 막아야 한다. 투우를 이해하기 위해 수백 번 넘게 투우장을 드나든 헤밍웨이는 "퀘렌시아에 있을 때 소는 말할 수 없이 강해져서 쓰러뜨리는 것이 불가능하다."라고 썼다.

삶은 자주 위협적이고 도전적이어서 우리의 통제 능력을 벗어난 상황들이 펼쳐진다. 그때 우리는 구석에 몰린 소처럼 두렵고 무력해진다. 그럴 때마다 자신만의 영역으로 물러나 호흡을 고르고, 마음을 추스르고, 살아갈 힘을 회복하는 것이 필요하다. 숨을 고르는 일은 곧 마음을 고르는 일이다.

히말라야 트레킹, 고산 부족과의 생활, 나를 가족처럼 보살펴 준 오지 마을 사람들, 갠지스 강의 작은 배 위에 누워 무념무상하게 바라보던 파란 하늘, 앞니 네 개가 부러진 탁발승과 사과를 깨물어 먹을 수 있는가 시험하며 천진난만하게 웃던 일들……. 이런 '쉼'의 순간들이 없었다면 나 역시 건강한 삶을 유지하기 어려웠을 것이다. 누군가 말했듯이, 인생은 쉼표 없는 악보와 같기 때문에 연주자가 필요할 때마다 스스로 쉼표를 매겨 가며 연주해야만 한다.

가장 진실한 자기 자신이 될 수 있는 곳, 그곳이 바로 퀘렌시아이다. 나아가 언제 어디서나 진실한 자신이 될 수 있다면, 싸움을 멈추고 평화로움 안에 머물 수 있다면, 이 세상 모든 곳이 퀘렌시아가 될 수 있다. 신은 본래 이 세상을 그런 장소로 창조했다. 자연스러운 나로 존재하는 곳으로, 아메리카 인디언들처럼 세상과 대지와의 교감 속에서 활력을 얻고 영적으로 충만해지는 장소로. 그런 세상을 투우장으로 만드는 것은 우리 자신들이다.

지금 이 글을 쓰는 시간도 내게는 소중한 퀘렌시아의 시간이다. 트라피스트회 신부 토머스 머튼의 말대로 우리 안에는 새로워지려는, 다시 생기를 얻으려는 본능이 있다. '자신의 삶을 변화시키는 힘'을 자기 안에서 깨우려는 의지가. 우리는 본능적으로 자아 회복의 장소를 찾고 있으며, 삶에 매몰되어 가기만 하는 것이 아니라 스스로 치유하고 온전해지려는 의지를 지니고 있다.

당신에게 퀘렌시아의 시간은 언제인가? 일요일마다 하는 산행, 바닷가에서 감상하는 일몰, 낯선 장소로의 여행, 새로운 풍경과 사람들과의 만남……. 혹은 음악이든 그림이든 책 한 권의 여유든 주기적으로 나를 쉬게 하고, 기쁘게 하고, 삶의 의지와 꿈을 되찾게 하는 일들 모두 퀘렌시이가 될 수 있다. 좋은 시와 글을 종이에 베껴 적거나 소리내거 읽는 것 같은 소소한 일도 그런 역할을 한다.

긴 여행이 불가능할 때 나는 이틀 정도 시간을 내어 제주도의 오름을 오르거나 사려니 숲길을 걷는다. 그곳에서 흙과 햇빛과 바람, 성스러운 기운들과 일체가 된다. 그때 발걸음이 곧 날개가 된다. 자연과 연결되는 장소, 대지와 하나 되는 시간만큼 우리를 회벽시켜 주는 것은 없다. 그때 우리는 인도의 경전 「아슈타바크라 기타」의 말을 이해하게 된다.

'삶의 파도들이 일어나고 가라앉게 두라. 너는 잃을 것도 얻을 것도 없다. 너는 바다 그 자체이므로.'

삶에서 소중한 것을 잃었을 때, 매일 매일이 단조로워 주위 세계가 무채색으로 보일 때, 사랑하는 사람들로부터 상처받아 심장이 무너질 때, 혹은 정신이 고갈되어 자신이 누구인지 잊어버렸을 때, 그때가 바로 자신의 퀘렌시아를 찾아야 할 때이다. 그곳에서 누구로부터도, 어떤 계산으로부터도 방해받지 않는 혼자만의 시간, 자유 영혼의 순간을 가져야 한다. 그것이 건강한 자아를 회복하는 길이다.

나의 퀘렌시아는 어디인가? 가장 나 자신답고 온전히 나 자신일 수 있는 곳은? 너무 멀리 가기 전에 자기 자신에게로 돌아와야 한다. 나의 퀘렌시아를 갖는 일이 곧 나를 지키고 삶을 사랑하는 길이다.

『새는 날아가면서 뒤돌아보지 않는다 / 류시화 지음 / 더숲 / 2017』

12세션

1) 세부목표 : 성장하기

심리학자 워든(William Worden)[43]은 애도 과정을 단계보다는 과제(task)라는 측면에서 생각해야한다고 주장했기 때문에, 애도 과정을 마치기 위해서 몇 가지의 과제를 완수해야 한다고 했다. 다음은 워든이 주장한 과제들이다.

첫 번째 과제는 상실의 현실을 받아들이는 것이다. 이는 사별 직후 비통함에 빠져있는 상태로는 어렵다. 왜냐하면 사랑하는 사람과 사별했을 때 대부분의 사람들은 즉각적으로 현실을 인정하지 않기 때문이다. 그런데 장기간 상실을 현실로 받아들이지 못하면 망상 등의 문제가 발생할 수도 있다. 일례로 영국의 빅토리아 여왕은 죽은 남편 앨버트의 옷과 면도기를 그가 죽은 뒤에도 매일 놓아두었다고 하는데, 이와 같이 고인과의 삶을 유예하려는 시도에도 한계가 있다.

두 번째 과제는 비통함에 대한 경험을 잘 통과하는 것이다. 많은 사람들이 처음에는 고인에 대한 기억과 흔적을 모두 지움으로써 비통함에서 오는 괴로움을 덜어내려고 약물이나 술에 의지하며 그것들을 감추려고 한다. 이때 "살아 있는 사람은 살아야지 언제까지 이럴 거냐, 고인도 네가 이렇게 사는 것을 원하지 않을 거다" 등과 같은 말들은 오히려 고통을 억압하는 것일 수 있다. 따라서 비통한 감정을 회피하거나 참는 것이 오래 지속되면 애도 기간이 연장되는 것은 물론이고 우울증 양상으로 발전될 수도 있기 때문에 절대 피해야 한다. 만약 사별한 사람이 힘든 세상을 떠나 천국과 같이 더 좋은 곳으로 갔다고 믿는 것은 상실감을 줄이는데 도움이 된다.

세 번째 과제는 고인이 없는 세상에 적응하는 것이다. 여성들이 남편 없이 사는 것, 남성들이 부인 없이 사는 것, 부모가 자녀 없이 사는 것이 어떤 것인지를 깨닫기까지

---

43) J. William Worden 지음, 이범수 옮김. 2016.『유족의 사별애도 상담과 치료』. 서울: 해조음, pp. 53-74.

는 상당한 시간이 걸린다. 하지만 반드시 현실적으로 다가올 때가 있을 것이며, 특히 갑작스러운 사고로 가족 가운데 누군가가 죽은 경우라면 기존의 가치관이 흔들릴 수도 있다. 그러나 그럼에도 새로운 가치관에 적응을 해야 살아낼 수 있다.

네 번째 과제는 고인과 새로운 관계를 맺는 것이다. 어떤 사람들은 상실이 너무 고통스러워 다시는 사랑하지 않으리라 스스로에게 맹세한다. 그러나 고인과의 관계를 단절한다고 해서 되는 것이 아니기 때문에, 삶 속에서 고인을 재배치하고 기억할 수 있는 방법을 찾는 것이 좋다.

이상과 같이 워든은 애도의 과제를 순서적으로 제시하고는 있지만 정해진 순서에 따를 필요는 없다. 과제는 다시 처음으로 돌아오기도 하고, 반복되기도 하며, 동시에 이루어질 수도 있다. 어쨌든 워든이 제시하는 과제를 잘 마치면 사별한 사람들은 자신의 새로운 정체성을 확인하고, 고인과의 관계를 재설정하면서 새로운 삶을 살아갈 수 있다. 애도는 인간이 지닐 수 있는 가장 심오한 경험 중 하나이다. 왜냐하면 사랑하는 사람과의 이별을 슬퍼하고, 상실의 기억을 소중이 간직하는 것은 인간이 지닌 가장 숭고한 특성 중의 하나이기 때문이다.

2) 문학작품

드라마 : 산후조리원 / 최윤희 외 극본, 박수원 연출, 엄지원 외 출연 / tvN / 2020

이 드라마는 회사에서는 최연소 임원이었으나, 산부인과에서는 최고령 산모가 된 여성 오현진이, 재난과도 같았던 출산과 조난급이라 느껴졌던 산후조리원에 적응하면서 엄마로써, 성숙한 사람으로서 성장해 나가는 내용이 담긴 격정 출산 느와르이다.

총 8부작 가운데 12세션을 위한 문학작품으로 선정한 부분은 마지막 8회로, 딱풀이(건우) 엄마가 죽은 아이 묘소에 찾아가 다음과 같이 이야기 하는 장면이다.

"우리 건우, 잘 있었어? 엄마 꿈은 이렇게 매일 너를 찾아오다가, 한 달에 한 번씩 찾아오다가, 계절마다 찾아오다가, 그러다 점점 너를 잊는 거, 그게 꿈이야. 미안해, 건우야! 널 잊는 게 엄마 꿈이라서. 내일 또 올게."

3) 관련 활동

① 애도 과정별 과제 점검

이 활동은 심리학자 워든(William Worden)이 주장한 네 단계의 과제를 어느 정도나 이루었는지 스스로 점검해 보는 것으로, 만약 특정한 단계에 머물러 있다면 그 단계를 통과해서 다음 단계로 나아갈 수 있으려면 어떤 전략이 필요할지 스스로 모색해 보는 것을 포함한다.

② 참여 소감 나누기

네 번째 애도

배우자와 사별한 노인의 현실 적응을 위한 독서치료 프로그램

네 번째 애도

배우자와 사별한 노인의 현실 적응을 위한 독서치료 프로그램

1. 프로그램 목표

2020년 12월 1일 통계청 인구동향과에서 작성해 발표한 생명표(Life-table : 현재의 연령별 사망 수준이 그래도 지속된다는 가정 하에, 특정한 출생 코호트가 연령이 많아짐에 따라 소멸되어 가는 과정을 정리한 표) 보도 자료[44]에 따르면, 2019년에 출생한 아동의 기대수명은 남녀 전체가 83.3세(남자 80.3년, 여자 86.3년)로 나타났다. 또한 2019년에 60세가 된 남자는 향후 23.3년, 여자는 28.1년 더 생존할 것으로 예상했는데, 이와 같은 결과는 OECD 회원국 간 기대수명 비교 시 남자는 2.2년, 여자는 2.9년이 높은 것이라고 한다.

산업혁명 이후 의료기술의 발달은 인간의 수명이 지속적으로 늘어나게 해주었다.

44) 통계청 인구동향과. 2020. 2019년 생명표 보도자료. 통계청. http://kostat.go.kr/portal/korea/index.action

덕분에 건강만 보장된다면 사람들은 더 오랜 기간 동안 많은 것들을 누릴 수 있게 되었다. 그러나 결국 수명이 다하면 누구나 죽을 수밖에 없기 때문에, 검은 머리가 파뿌리가 될 때까지 함께 살았던 배우자들도 사별을 해야 한다. 모든 관계에서의 사별과 마찬가지로 배우자와의 사별도 남겨진 사람에게는 큰 스트레스 요인이 된다. 따라서 스트레스가 커서 일상생활에 지장을 받고 있다면 적정 도움을 받아야 하는데, 본 프로그램은 독서치료적 접근으로 개입을 꾀하고자 한다.

2. 프로그램 구성

본 프로그램은 총 12세션으로 구성되었다. 프로그램의 흐름은 신뢰감과 친밀감 형성을 위한 소개와 마음열기로부터 시작해 사별 경험의 공유, 각자가 갖고 있는 감정을 인식하고 표현하기, 사별 과정과 부모에 대한 기억을 떠올려 정리하기, 이별 수용을 위한 애도하기, 그리고 여러모로 힘든 자기 자신을 위로할 수 있도록 한다. 이어서 모든 것을 가족과 함께 나누며 회복하고 성장할 수 있는 장을 만들어 결국 심리 적응 능력을 향상시켜 자신의 삶에 적응해 살아갈 수 있도록 돕는데 목표가 있다. 따라서 문학작품은 심리·정서적 어려움을 겪고 있는 것만으로도 읽기 능력을 제대로 발휘하기 어려울 수 있고 고령이라는 참여자들의 상태, 각 세션별 세부목표도 고려해 읽는데 어려움이 없을 그림책과 시, 영상 등 짧은 것을 위주로 선택하였다. 그래서 미리 읽어오지 않고 프로그램에 참여하면 치료사가 읽어주거나 함께 읽으며 치료적 정보를 통해 통찰에 이를 수 있도록 돕고자 하였다. 나아가 관련 활동 역시 세부목표와 선정한 문학작품과의 연관성을 고려하면서 참여자들이 부담감 대신 안전함을 느끼며 참여할 수 있는 것들로 선정을 했다. 본 프로그램은 10명 내외의 집단을 위해 구성한 것이기 때문에 세션 당 운영 시간은 2시간(120분)이다. 하지만 활동을 수정하면 개인에게도 적용할 수 있을 것이다. 구체적인 프로그램 계획은 다음의 〈표 6〉과 같다.

〈표 6〉 배우자와 사별한 노인의 현실 적응을 위한 독서치료 프로그램 계획

세션	세부목표	문학작품	관련 활동
1	프로그램 소개 및 마음 열기	도서 : 살아 있는 모든 것은	프로그램 소개, 집단 서약서 작성, 자기소개하기 - ○○○의 남편/아내
2	경험의 공유	도서 : 당신과 함께	사진 속에 남겨진 그대
3	감정 인식과 표현	도서 : 할아버지의 바닷속 집	사별 후 감정 점검하기
4	사별 과정 떠올리기	도서 : 사랑하는 당신	사별한 배우자를 위한 레시피 적기
5	기억 정리하기	도서 : 누가 상상이나 할까요? 도서 : 알사탕	기억 구슬 팔찌 만들기
6	이별 수용하기	애니 : 시계추 - 시간을 되돌릴 수 있다면 도서 : 여행 가는 날	인생 시계에 시간 표시하기
7	애도하기 1	도서 : 할머니네 집	모방 시 쓰기
8	애도하기 2	노래 : 어느 60대 노부부 이야기	개사하기
9	나 위로하기	도서 : 내가 제일 잘 한 일은	내가 제일 잘 한 일 목록 적기
10	가족과 함께 나누기	애니 : 노인들	가족들에게 영상 편지 쓰기
11	회복하기	도서 : 지구별에 온 손님	회복 음식 포트럭 파티
12	성장하기	도서 : 천의 바람이 되어 노래 : 천개의 바람이 되어	작별의 노래 및 희망의 노래 부르기, 참여 소감 나누기

1세션

1) 세부목표 : 프로그램 소개 및 마음 열기

우리나라에서는 일반적으로 65세 이상인 사람들을 노인으로 분류하고 있다. 그러나 생물학적 나이는 65세이지만 젊고 건강하기 때문에 노인으로 불리는 것을 싫어하는 분들도 많다. 실제 필자가 노인복지관에서 집단 독서치료 프로그램을 진행할 때 있었던 일로, 만나 뵌 분들마다 "어르신, 안녕하세요!"라고 인사를 드렸더니 본인은 아직 그런 호칭을 들을 때가 안 되었으니 차라리 이름을 불러달라며 언짢아하는 분들이 계셨다. 노인들을 대상으로 교육이나 심리치료를 진행해 본 사람들 중에는 필자와 같은 경험을 했던 분들이 분명히 계실 테고, 따라서 그렇다면 어떤 호칭을 써야 할까에 대해 고민한 적도 있었을 것이다. 이에 대해 필자가 내린 답은 모든 분들을 한꺼번에 부를 때는 어르신, 각 개인을 부를 때는 성함 뒤에 '님'을 붙여드리는 것이었다.

1세션에 대한 설명을 시작하면서 호칭부터 언급한 이유는 치료사 입장에서 첫 세션부터 예상보다 민감한 반응을 겪을 수 있기 때문이다. 따라서 프로그램에 참여한 어르신들께 치료사 소개를 할 때부터 이 부분을 깔끔하게 정리하면 좋을 것이다. 더불어 청력이 약한 분들을 고려해 큰 목소리로 또박또박 이야기를 할 것, 활동지를 만들 때에는 글자 크기를 13포인트 이상으로 준비할 것 등도 고려할 사항이다. 그 외 측면들에 대해서는 본 프로그램에 참여할 노인들의 요청이나 요구에 따라 수정 보완을 해나가면 될 것이다.

2) 문학작품

도서 : 살아 있는 모든 것은 / 브라이언 멜로니 글, 로버트 잉펜 그림, 이명희 옮김 / 마루벌 / 2008

아동문학계의 노벨상이라고 불리는 안데르센상을 수상한 작품으로, 이 세상에 살고 있는 모든 것들에게는 시작이 있으면 끝도 있다는 것을 알려주는 그림책이다.

독서치료 장면에서도 많이 활용되었던 이 그림책을 1세션의 문학작품으로 선정한 이유는, 그럼에도 죽음이라는 명제에 대해 가장 명확하면서도 깔끔하게 이야기 해주고 있기 때문이다.

3) 관련 활동

① 프로그램 소개

② 나의 약속

활동에 대한 설명과 활동지 양식의 예는 앞 프로그램 내용을 참조하고, 참여 대상과 종합목표에 따라 수정 보완 후 활용하시기 바란다.

③ 자기 소개하기 - ○○○의 남편/아내

남편은 혼인하여 여자의 짝이 된 남자를, 아내는 혼인하여 남자의 짝이 된 여자를 뜻하는 명사이다. 따라서 서로가 짝이었다는 사실을 가장 간단하면서도 적확하게 표현할 수 있는 단어인 것 같아, 첫 세션의 자기 소개하기 활동을 사별한 배우자 ○○○의 남편 혹은 아내로 나누어 보고자 한다.

2세션

1) 세부목표 : 경험의 공유

19세기 라틴아메리카의 가장 뛰어난 산문 작가 중 한 사람으로 평가받고 있으며, 자유사상가이자 모럴리스트였던 에콰도르의 후안 몬탈보(Juan Montalvo)는 노년을 "죽음에 둘러싸인 섬이다."라고 말했다고 한다. 아마 이 비유는 그만큼 노년기는 죽음에 조금 더 가까이 있다는 의미라고 생각되는데, 이를 다르게 해석해 보자면 주변 사람들의 죽음을 목도하는 경험이 많다는 것, 본인의 죽음을 맞이할 시점도 멀지 않았다는 것을 표현한 것이라고 볼 수 있겠다.

죽음에 대한 경험도 반복이 되면 점점 무감 상태가 되는지는 모르겠지만, 그럼에도 가족, 특히 배우자와의 사별은 다를 것이라 생각된다. 실제 필자가 운영하는 집단 독서치료 프로그램에 참여했던 할머니 한 분으로부터, 남편과 사별한지 1년이 넘은 상태였음에도 매일 눈물로 보낸다는 말씀을 들은 적이 있다. 물론 그럴 정도로 부부사이의 정이 깊었는지, 아니면 다른 사연이 더 있는지에 대해서 온전히 알 수는 없었지만, 결국 각자의 상황에 따라 다를 수 있다는 점을 인정해야 한다는 것이다.

2세션의 세부목표는 경험의 공유로 참여 노인들이 배우자와의 사별에 초점을 두고 이야기하실 수 있는 장을 펼쳐야 한다. 노인들 중에는 이야기의 본말이 달라지는 경우가 종종 발생하기 때문에, 치료사는 집중해 들으면서 경로가 이탈되지 않도록 신경을 쓸 필요가 있다.

2) 문학작품

도서 : 당신과 함께 / 잔디어 글·그림, 정세경 옮김 / 다림 / 2019

어느 날 아침, 잠에서 깬 마리는 남편 조지가 집에 없어 그를 찾게 된다. 그러던 중 문밖을 내다보니 조지가 어디론가 가고 있는 것이 보여 이름을 크게 불렀지만 대답도 없이 길을 재촉하고 있었다. 그래서 마리는 조지를 뒤따라가는데, 그녀가 도착한 곳은 홀랜드 파크, 박물관, 버킹엄 궁전, 바비칸 센터 등 조지와의 추억이 남아 있던 곳들이었다.

2세션을 위해 선정한 이 그림책은 사별한 남편과의 추억을 떠올리는 마리 할머니가 주인공이다. 간혹 사별한 사람이 꿈에 나타났다는 이야기를 들을 수 있는 것처럼, 마리 할머니에게도 남편에 대한 그리움이 너무 큰 나머지 환영(幻影 : 감각의 왜곡으로 인하여 사실이 아닌 것을 사실로 받아들이는 현상을 의미)이 나타난 것은 아닐까 생각되는데, 어쨌든 팔다리를 절단한 환자가 이미 없는 수족에 아픔과 저림을 느끼는 현상인 환지통(幻肢痛)을 느꼈다가 점차 못 느끼게 되는 것처럼, 시간이 지나면 과거를 넘어 현재에 더 집중할 수 있을 것이라 생각된다.

이 그림책은 참여 노인들에게 사별한 배우자와 함께 했던 경험들을 떠올리는데 도움을 줄 것이다. 따라서 많은 참여자들이 여러 이야기를 하고 싶어 할 수도 있는데, 노인들 숫자는 많고 세션 시간은 정해져 있으니 자원자에 한해서 가장 기억에 남는 경험 한 가지씩만 나누면 좋겠다.

3) 관련 활동

① 사진 속에 남겨진 그대

이 활동은 참여 노인들마다 상당량을 갖고 있을 사진을 활용하는 것으로, 1세션을 마칠 때 준비에 대한 예고가 필요하다. 그래서 참여 노인들이 사별한 배우자와 함께 찍은 사진을 2세션 때 가지고 오면, 그 장면을 보고 회상을 하면서 경험 이야기들을 나누면 된다. 다음 사진들은 2세션에 활용할 수 있는 예시들이다.

3세션

1) 세부목표 : 감정 인식과 표현

2015년 12월 28일자 동아일보[45]에는 '노년기 배우자와 사별 스트레스, 이혼-구속-해고보다 훨씬 크다'는 제목의 기사가 실렸다. 이 기사에는 고교 시절 단거리 육상 선수로 활약할 정도로 타고난 신체 조건을 가졌고, 여전히 50kg짜리 역기로 매일 운동을 할 정도로 그 누구보다 건강에 자신이 있있던 최문순 씨의 사례가 가장 먼저 소개되었다. 그는 50년 동안 함께 지냈던 아내를 2014년에 불의의 사고로 떠내 보낸 뒤 그 충격과 죄책감에 집 밖에도 잘 나가지 않고 라면 등으로 끼니를 불규칙하게 때우는 일이 많아졌다고 한다. 또한 즐기던 운동도 전혀 하지 않고 죄책감과 슬픔에 밤마다 소주 두세 병을 마시지 않으면 잠을 이루지 못하는 생활을 3개월 정도 했다고 한다. 그러다 이런 생활이 계속 이어지면 자신도 죽을 것 같다는 생각에 경로당에 나가 봉사도 하고 동호회에도 찾아 나서면서 극복을 했다고 한다.

이런 예처럼 노년기에 겪는 배우자와의 사별 경험에서 오는 스트레스는 삶의 기반을 송두리째 흔들 수 있다. 미국의 심리학자인 토머스 홈스(Thomas Holmes) 박사와 리처드 라헤(Richard Rahe) 박사의 연구에 따르면 배우자 사망으로 인한 스트레스는 100점 만점에 100점으로 이혼(73점)을 하거나, 구속(63점) 및 해고(47점)를 당했을 때보다 컸다고 한다. 특히 배우자가 암처럼 오랜 투병 끝에 사망하는 경우 후유증이 더 클 수 있고, 본인도 그 병에 걸리는 것은 아닌지 건강염려증에 시달리는 경우도 많다고 한다. 결국 사별 후에 겪는 스트레스가 심할 경우 본인의 건강도 악화될 수 있는 것이다.

실제로 배우자의 죽음으로 인한 스트레스 지수가 높아지고 우울증이 생기면 폐렴 같은 박테리와 감염과 싸우는 혈액 속 백혈구의 일종인 호중구(Neutrophil)의 기능을 방해해 면역 체계를 약화시킨다는 결과는, 2012년 3월에 지난 12개월 사이에 사랑

45) 유근형 기자. 2015. 노년기 배우자와 사별 스트레스, 이혼-구속-해고보다 훨씬 크다. 동아일보. http://www.donga.com/news/article/all/20151228/75597194/1

하는 사람을 잃고 깊은 슬픔에 빠져 있던 65세 이상 48명에 대한 혈액검사를 실시했던 영국 버밍엄대 재닛 로드(Janet Lord) 박사에 의해 발표되었다.

결국 이런 결과들은 배우자 사별이라는 가장 큰 스트레스 상황에 처해 있는 노인들이, 부정적인 감정들을 표출시키고 사람과의 만남 등 대외 활동을 지향하면서 극복하려는 노력을 기울일 필요성과 중요성에 대해 알려주고 있다. 따라서 3세션에서는 배우자와 사별 후 참여 노인들이 느꼈던 감정들에 대해 표현할 수 있는 기회를 드리는데 세부목표가 있다.

2) 문학작품

도서 : 할아버지의 바닷속 집 / 히라타 겐야 글, 가토 구니오 그림, 김인호 옮김 / 바다어린이 / 2010

태어나 자란 고향, 첫 사랑 혹은 배우자를 만난 곳, 신혼생활을 시작했던 집, 자녀들을 낳아 기르며 여러 추억이 담겨 있는 집 등은 죽을 때까지 잊기 힘든 기억일 것이다. 이 그림책에는 이 모든 기억을 간직하고 있는 할아버지가 등장한다. 따라서 몇 년이 지나면 바닷물이 차오르기 때문에 마을 사람들 대부분이 떠난 그곳에서 계속 혼자 살고 있다. 드디어 다시 집을 짓던 중 연장을 바다 속에 빠트려 그것을 찾아 더 깊은 곳으로 내려간 할아버지는 옛 추억들과 마주하게 된다.

3세션을 위해 선정한 문학작품인 이 그림책에는 할아버지의 감정이 세심하게 표현되지는 않는다. 그럼에도 참여 노인들의 회상을 도와 이야기를 끌어낼 수 있는 힘이 있고, 그 안에 감정이 포함될 것이라 여겼기 때문에 선정을 한 것이다.

3) 관련 활동

① 사별 후 감정 점검하기

다음의 체크리스트는 삼성서울병원에서 사용하는 것으로, 항목 중 1가지라도 해당될 경우 주변 사람의 도움이 필요하고, 2가지 이상일 때는 의료진의 상담이 필요한 수준이라고 한다. 신뢰도나 타당도에 대한 측면은 알 수가 없고 문항 또한 적어서 한계가 있겠지만, 사별 후 느꼈던 감정들을 인식하고 표출할 수 있는 계기로 삼고자 포함시켜 보았다.

▶ 배우자의 사망을 자기 책임으로 돌린다.

▶ "함께 세상을 떠났다면 좋았을 것"이란 말을 자주 한다.

▶ 자신이 별로 가치 없는 사람이라고 느낀다.

▶ 상황 판단 등 두뇌 회전이 잘 안 된다는 느낌이 든다.

▶ 망자의 음성, 모습을 느끼는 환각 증상이 있다.

▶ 걸음걸이 등 움직임이 현저히 느려졌다.

체크리스트 활용은 여러 가지 방법을 통해 할 수 있겠지만, PPT 프로그램을 활용해 큰 화면에 한 개씩 차례대로 내용을 보여드리면서 자신에게 해당되는 것들을 골라보게 하고, 이어서 그 외 감정들도 함께 표현해 보시게 하는 것도 괜찮겠다. 아니면 앞서 소개한 감정 단어 카드를 활용하는 것, 그것도 아니면 색깔 카드를 활용하는 것도 방법이다. 감정에 대한 이야기를 나눌 수 있는 도구들은 워낙 많으니, 참여 노인들과 프로그램이 운영되는 곳의 환경 등을 고려해 적절한 것을 선택하면 되겠다.

4세션

1) 세부목표 : 사별 과정 떠올리기

20년 가까이 현장 독서치료전문가로 활동을 하면서 많은 사람들과 이야기를 나누며 깨달은 점 가운데 한 가지는, 누구나 살아온 세월만큼의 이야기를 갖고 있고 그 안에는 분명 좋았던 기억이 더 많을 텐데, 어쩌다 한두 번 겪은 좋지 못한 기억에 짓눌려 일상을 제대로 살아내지 못하는 사람들이 상담치료를 받으러 온다는 것이다. 그들은 30년 혹은 4-50년 만에 한 번 겪은 일을 문제로 여기고, 그 빈약하기 그지없는 문제 이야기를 계속 이어나가는 경향이 있다. 그러면서 대안적인 이야기가 될 수 있는 풍부한 이야기들은 까맣게 잊어버린다. 물론 기억은 왜곡될 수도 있고 망각을 할 수 있다는 것도 축복일 수 있지만, 평생 기억하며 살았으면 하는 일들은 망각하고, 빨리 망각했으면 하는 것들을 오래 기억하고 있으니 안타까울 따름이다.

아마 본 프로그램에 참여한 분들이 기억하는 사별 과정은 어떨까? 아직도 큰 고통이 느껴질 만큼 힘든 일이었기 때문에 기억에서 꺼내놓는 것도 힘들까, 아니면 이미 잘 정리해서 언제든 꺼내보고 다시 넣을 수 있는 서랍장에 담아두었기 때문에 쉽게 드러낼 수 있을까. 사람들은 자신의 기억을 스스로 통제할 수 있다고 한다. 또한 망각을 하지 못하면 삶 자체가 불가능하다고도 한다. 그러므로 이번 세션에서는 참여 노인들이 배우자와의 사별 과정을 기억해 이야기로 펼친 뒤 서서히 잊어버릴 수 있는 망각의 계단으로 들어설 수 있도록 안내해 주자.

2) 문학작품

도서 : 사랑하는 당신 / 고은경 글, 이명환 그림 / 엑스북스 / 2020

이 책의 주인공은 혼자 살고 계신 할아버지다. 할아버지는 사별하기 전 할머니가 남겨준 레시피를 바탕으로 반찬을 만들고 국을 끓이며, 할머니가 아끼던 화분에 물도 꼬박꼬박 주면서 말도 걸어준다. 그럼에도 음식을 만들 때마다 간장은 헷갈리기만 하고, 분명 세탁기에 넣고 빨았는데 꺼낼 때에는 양말이 한 쪽밖에 없다. 이럴 때면 할머니가 더욱 생각나고, 살아 있을 때 더 일찍 들어가서 함께 시간도 보내고 더욱 잘 해주지 않은 점에 대해 후회가 된다. 그럼에도 할아버지는 할머니가 남기고 떠난 사랑의 온기로 빈 자리를 채우며 열심히 살아간다.

4세션을 위한 문학작품으로 이 그림책을 선정한 이유는 사별을 준비하는 할머니와 사별 후 홀로 생활을 이어가는 할아버지의 모습이 모두 담겨 있기 때문이다. 이 그림책의 내용을 바탕으로 참여 노인들과 함께 사별 과정에 대한 이야기를 나누어 보자.

3) 관련 활동

① 사별한 배우자를 위한 레시피(Recipe) 적기

'레시피'는 어떤 음식을 만들기 위해 필요한 각종 재료와 과정을 정리한 문서를 뜻하는 말이기 때문에, 이 활동은 사별하기 전 배우자가 좋아했던 음식을 떠올려 레시피로 정리해 보는 것이다. 참여자 대부분이 자신의 이야기를 하고 싶을 수 있으니 종류는 한 가지로만 제한하고, 다음의 사진과 같은 양식을 제시해 드려도 좋겠다.

5세션

1) 세부목표 : 기억 정리하기

노인의 다리가 후들거리거나 허리가 굽는 이유는 짊어진 추억이 많기 때문이다. 따라서 꼿꼿하게 서서 똑바로 걷기 위해서는 기억들 중 일부를 덜어내 정리하는 것이다. 그러면 결국 심리·정서적으로도 추억에 눌리지 않은 삶을 살 수 있을 것이다.

이와 같은 생각을 바탕으로, 부디 본 프로그램에 참여한 노인들 외 많은 분들의 심리정서도 건강해지기를 바라며 5세션의 목표를 '기억 정리하기'로 정했다.

2) 문학작품

① 도서 : 누가 상상이나 할까요? / 주디스 커 글·그림, 공경희 옮김 / 웅진주니어 / 2017

이 그림책의 저자인 주디스 커는 아흔이 넘은 할머니이다. 따라서 할머니가 주인공으로 등장하는 그림책의 이야기는 본인의 이야기일 거라고 생각하는 사람들이 많다. 이 그림책에 등장하는 머리가 하얗게 센 할머니는 소파에 앉아 있는데, 사람들은 그녀가 차를 기다리고 있을 거라고 생각한다. 하지만 그녀는 꿈속에서 남편을 만나 상상 속에만 가득했던 경험들을 하고 내일 다시 만날 것을 약속한 뒤 돌아온다. 이와 같은 이야기의 구성은 마치 주인공 할머니가 사별한 할아버지를 현 시점에서 그리워하는 것만이 아니라, 곧 자신도 할아버지가 계신 세계로 넘어갈 것이라는 점을 암시하는 것 같다. 또한 기다림도 행복하다는 점을 보여주는 것 같다.

따라서 5세션을 위해 이 그림책을 문학작품으로 선정한 이유는 할머니가 꿈속에서 할아버지를 만나 여러 가지를 해보고 돌아오는 것처럼, 과거 배우자와 함께 했던 것들, 혹은 함께 하고 싶었으나 끝내 할 수 없었기에 아쉬웠던 점 등을 떠올릴 수 있도록 하기 위해서이다.

② **도서 : 알사탕 / 백희나 글·그림 / 책읽는곰 / 2017**

동동이는 '혼자 노는 것도 나쁘지 않다'고 스스로를 위로하며 놀이터 구석에서 혼자 구슬치기를 한다. 그러다가 끝내 친구들이 아무 관심도 주지 않자 새 구슬이 필요하다는 핑계로 그곳을 빠져나와, 문방구에서 크기도 모양도 색깔도 여러 가지인 알사탕 한 봉지를 산다. 그런데 새 사탕을 입에 넣을 때마다 낡은 소파의 푸념이 들리고, 8년 동안 함께 살았던 개 구슬이와 대화를 할 수 있게 되었으며, 아빠의 잔소리가 끊임없이 들리기도 했다. 사탕인줄 알고 먹은 분홍색 풍선껌을 씹으며 풍선을 불 때는 "친구들과 많이많이 뛰어 놀아라."라고 말씀하시는 돌아가신 할머니의 목소리까지 들렸으니 정말 신기한 일이다. 드디어 마지막 남은 사탕, 그런데 그때 밖에서 "안녕"이라고 인사하는 소리가 들려 나가봤더니 자신처럼 혼자 놀고 있는 아이가 있다. 그래서 동동이는 먼저 "나랑 같이 놀래?"라고 말하며 그 친구에게 다가간다. 덕분에 동동이에게도 그 아이에게도 친구가 생긴 것이다.

이 그림책의 소재인 '알사탕'은 달콤함으로 마음을 녹여서 먼저 발견하지 못했던 대상들의 아픔(혹은 슬픔이나 어려움)을 바라볼 수 있게 해주는 요소이다. 그래서 알사탕을 먹은 동동이도 그런 과정을 통해 혼자 놀고 있는 친구에게 다가가 함께 놀자는 제안을 할 수 있게 된 것이다. 그러니 이 그림책을 읽어드린 뒤 다양한 맛의 알사탕을 준비해 노인들의 입에도 하나씩 넣어드리면 좋을 것 같다.

3) 관련 활동

① **기억 구슬 팔찌 만들기**

한동안 우리나라에서도 구슬 팔찌 만들기가 유행이었기 때문에 만들기 자체를 어떻게 하는지에 대해 이미 알고 계신 분들도 많겠지만, 모르는 분들을 위해 단계별로 설명해 드리자면 다음과 같다.

▶ 우선 동대문종합시장 액세서리 소품 코너를 방문하거나 인터넷을 통해 한 봉지에 2천 원 내외인 무지개 구슬과, 0.2mm 우레탄 줄을 구입하고, 가위, 집게, 줄자, 투명 매니큐어도 준비를 해두자.

▶ 모든 재료와 도구가 준비되면 우레탄 줄을 22cm 정도 길이로 자른다.

▶ 잘라낸 우레탄 줄 한쪽 끝을 집게로 집어놓고, 반대쪽으로 원하는 색깔의 무지개 구슬을 차례대로 끼운다. 이때 구슬이 잘 들어가지 않으면 비즈 바늘을 활용하는 것이 편리하며, 구슬은 16cm 지점까지만 끼운다.

▶ 구슬 꿰기가 끝나면 조심스럽게 집게를 뺀 뒤, 우레탄 줄의 양쪽 끝을 잡고 일반 매듭을 서너 번 짓는다.

▶ 매듭 부분에 투명 매니큐어를 발라 접착력을 높여준 뒤, 우레탄 줄의 끝 부분을 잘라낸다.

그런데 우리는 독서치료에서의 활동을 위한 목적으로 구슬 팔찌를 만드는 것이다. 게다가 '기억'이라는 단어가 들어가 있기 때문에 그 점을 놓치면 안 된다. 따라서 노인들이 구슬을 하나 고를 때마다 어떤 기억을 담을 것인지 미리 생각을 해두시라고 안내할 필요가 있다. 이어서 팔찌 만들기 작업이 끝나면, 줄에 낀 구슬 중 몇 개만을 골라 그 의미에 대한 설명을 하실 수 있는 기회를 드려 이야기를 들어보도록 하자.

다음의 사진은 여러 모양의 구슬을 줄에 끼고 있는 장면이 담긴 것으로, 참고용 예시로 보여드린다.

6세션

1) 세부목표 : 이별 수용하기

인생 시계 – 전동진 작사·작곡, 전설홍민 편곡, 최선 노래

내 인생 시계 흐르고 흘러
마지막 오 분이 찾아오면
난 가만히 떨리는 내 눈 속에
당신 한사람 담아가고 싶소
그 깊고 깊은 인생의 강을
정으로 건너온 당신과 나
난 뜨겁게 당신 손을 잡고서
고마웠다 말을 하고 싶소
평생 한사람 나만 바라보면서
말없이 삶을 내어준 당신
우리 다음 생에 다시 만난다면
한 번 더 선택해도 될까요
함께해준 당신 고마워요

평생 한사람 나만 바라보면서
말없이 삶을 내어준 당신
우리 다음 생에 다시 만난다면
한 번 더 선택해도 될까요
함께해준 당신 고마워요
함께해준 당신 사랑합니다

『디지털 싱글 위하여·인생 시계 / RIAK 발매 / 2019』

이 곡은 '최선'이라는 가수가 부른 노래 '인생 시계'의 가사로, 내 인생 시계의 끝이 올 때 평생 함께해준 당신께 고맙다는 말과 함께 다음 생에도 다시 만나고 싶다는 고백을 하겠다는 내용을 담고 있다. 따라서 이 노래는 듣는 사람들에게 현재는 인생 시계가 작동을 하고 있어도 언젠가는 멈출 날이 온다는 점과 함께, 그때는 고마운 사람에게 마음을 표현하라는 메시지를 전해주고 있다. 물론 떠나보내는 사람도 고마움이 있다면 함께 표현하고, 편히 잘 가라는 인사도 건네주며 이별을 수용할 수 있다면 좋겠다.

중국 춘추전국시대의 철학자였던 장자(莊子)는, "하늘은 우리를 편안하게 해주기 위해 늙음을 주었고, 우리를 편히 쉬게 하기 위해 죽음을 주었다."고 말했다고 한다. 이는 곧 죽음으로 인한 이별도 수용하지 않을 이유가 없다는 이야기처럼 들린다.

제6세션의 세부목표는 '이별 수용하기'이다. 수용의 주체는 프로그램에 참여하고 계신 노인들이니, 그 분들이 온전한 수용을 할 수 있도록 돕는 것이 이번 세션에 치료사들이 해야 할 역할이다.

2) 문학작품

① 애니 : 시계추 - 시간을 되돌릴 수 있다면 / 鉄拳 제작 / 2012

이 애니메이션은 일본에서 개그맨으로 활동한 鉄拳이라는 사람이 제작을 했다는 점, 비록 10대부터 시작되기는 하지만 4분이 안 되는 짧은 시간 내에 한 남자의 역동적인 삶을 표현해 냈다는 점, 이미 병이 든 아내에게 조금 더 잘 대해주지 못한 것을 후회하며 자꾸만 흘러가는 시간이 야속해 좌우로 움직이는 시계추를 멈추기 위해 안간힘을 쓰는 장면 등으로 화제가 되었던 작품이다. 원제목은 '振り子'이고, 부제목은 다른 사람이 넣은 것이 아닐까 짐작이 되며, 전체 장면에 흐르는 곡의 제목은 'MUSE - Exogenesis : Symphony Part 3(Redemption)'이다. 이 작품은 2015년에 동명의 영화로도 제작 및 개봉이 되었다.

② **도서 : 여행 가는 날 / 서영 글·그림 / 위즈덤하우스 / 2018**

어느 날 밤늦게 찾아온 손님, 할아버지는 기다렸다는 듯이 손님을 반가워한다. 그러더니 먼 길을 떠나야 한다며 달걀도 넉넉하게 삶고, 수염도 말끔하게 면도한 뒤, 목욕을 하며 묵은 때도 벗긴다. 이어서 아끼던 양복을 꺼내 입고, 장롱 밑에 모아둔 동전들을 여비로 챙기니 모든 준비가 끝났다. 그런데 그 모습을 지켜보던 손님은 그곳에서는 옷도, 돈도 필요 없으며, 대신 할아버지의 아내가 마중 나올 거라는 소식을 전해준다. 그러자 할아버지는 오랜만에 만날 아내가 주름지고 흰머리 가득 한 자신을 알아보지 못할까 봐 걱정되어, 옛날 사진을 챙긴다. 이제 모든 준비를 마친 할아버지는 손님과 함께 먼 여행을 떠나며 이야기도 끝이 난다.

이 이야기에 등장하는 손님이 누구이고, 할아버지는 그와 함께 어디로 간 것인지에 대해서는 설명해 드리지 않아도 이미 알고 계실 것이다. 일찍이 천상병 시인께서도 '귀천(歸天)'이라는 시에서 '이 세상 소풍 끝내는 날/가서, 아름다웠더라고 말하리라.'라는 표현을 쓰시지 않았던가. 죽음은 이 세상에서 저 세상으로의 여행인 셈이다.

3) 관련 활동

① **인생 시계에 시간 표시하기**

인생 시계(Lifetime Clock)'라는 개념은 서울대학교 소비자학과 김난도 교수가 쓴 책 「아프니까 청춘이다」라는 책에 등장한다. 이후 그가 강연의 주제로 삼으면서 더 널리 퍼지게 되었고, 이후 스마트폰 앱(App)으로도 배포가 되어 더 많은 사람들이 쉽게 자신의 인생 시간을 계산해 볼 수 있게 되었다.

따라서 이 활동은 〈관련 활동 6-1〉의 활동지를 활용해, 내 현재 인생 시간과 함께 사별한 배우자의 인생 시간도 함께 표시해 보게 한 뒤, 그 내용을 바탕으로 이야기를 나눔으로써 이별을 다시 한 번 실감할 수 있도록 돕는데 목표가 있다.

| 관련 활동 6-1 |

인생 시계에 시간 표시하기

인생 시계의 시간은 10년이 3시간, 1년은 18분, 한 달은 1분 30초라고 합니다.
이 법칙을 적용해 나와 사별한 배우자의 인생 시간을 시계에 표시해 보세요.

7세션

1) 세부목표 : 애도하기 1

눈물은 '사람이나 짐승의 눈알 위쪽에 있는 누선(눈물샘)에서 나와 눈알을 적시거나 흘러나오는 투명한 액체 상태의 물질'을 뜻한다. 일반적으로 슬픔이라는 감정이 북받쳐 오르면 나타나는 현상이라고 하는데, 시대문화적인 현상이나 성별, 상황에 따라서 제약을 받는 경우도 있고, 눈물이 많은 사람을 어리거나 유약한 혹은 감정적인 사람이라며 부정적으로 여기는 경향도 있다.

특히 우리나라에서는 남성의 경우 태어났을 때, 군대에 갈 때, 부모님이 돌아가셨을 때 딱 세 번만 흘려야 한다고 했을 정도로 눈물에 대해 부정적인 인식이 강했으며, 여성이라 하더라도 경우가 잦거나 타인들 앞에서라면 같은 맥락으로 인식하는 경우가 많았다. 따라서 눈물은 가능은 참아야 하며, 부득이 하다면 혼자 있을 때 흘리거나 혹은 가족이나 친구 등 그 상황을 이해 및 수용해 줄 수 있는 사람들 앞에서만 내보여야 하는 것이라고 생각하는 사람들도 많다.

그러나 상황별로 저마다의 감정을 느끼는 것이 자연스러운 일이듯이 눈물을 흘리는 것 또한 자연스러운 현상이다. 따라서 흘리고 싶은 눈물, 나오는 눈물을 억지로 참거나 막는 것은 오히려 스트레스가 더 쌓이게 만들기 때문에 신체·정신적 건강에도 악영향을 끼칠 수 있다.

과학이나 의학적인 측면에서 분석한 눈물은 매우 다양한 구성 성분과 복잡한 구조로 이뤄져 있으며 안구 표면을 건강하게 유지하고 안정적인 시력 유지를 위해서도 필수 조건이라고 한다. 또한 남성들이 여성들보다 평균 수명이 짧은 이유 중 한 가지도 눈물에 원인이 있다고 하는데, 미국 폴 램지재단(Paul Ramsay Foundation) 알츠하이머 연구센터의 연구에 따르면 남성들의 횟수가 여성들의 1/5밖에 안 된다고 한다. 실제로 여성들의 85%는 울고 나면 심신의 상태가 좋아졌다고 한다. 1997년 영국에서는 다이애나 왕세자비가 교통사고로 유명을 달리했다. 그때 국상을 치르면서 큰 슬픔에 빠져 눈물을 쏟은 영국인들이 많았는데, 그 덕분에 신경정신과를 찾는 우울증 환자 비율이 현격하게 줄어들었다고 한다. 이는 영국의 많은 의학자들에 의한 연구 결과를 통해 실컷 울었던 것이 카타르시스 효과를 일으켰기 때문에 눈물이 우울증 완화 및 개선에 효과가 있다는 결과로 밝혀지게 되었고, 이후 눈물이 정신치료에 큰 역할을 한다는 뜻에서 '다이애나 효과(Diana Effect)'라는 용어도 만들어지게 되었다고 한다.

나이가 들면 눈물이 많아진다고들 믿고 있지만 사실은 양이 줄어든다고 한다. 다만 노화 현상의 일환으로 눈물이 나오는 눈물관이 좁아지면서 넘쳐흐르기 때문에 눈물이 많아진다고 느끼는 것뿐이라고 한다.

연암 박지원은 눈물을 '모든 감정의 끝'이라고 말했다. 또한 아일랜드 속담에는 '흐르는 눈물은 괴로우나 그보다 더욱 괴로운 것은 흐르지 않는 눈물이다.'라는 것도 있다. 그러므로 애도의 시작도 결국 눈물을 흘리는 것부터여야 하지 않을까? 여러 이유로 아직 더 흘려야 할 눈물이 남아 있다면 지금부터 시작해 보자.

2) 문학작품

도서 : 릴리의 눈물 이야기 / 나탈리 포르티에 글·그림, 이정주 옮김 / 어린이작가정신 / 2006

릴리가 일하는 곳인 분실물 보관소에는 뚱뚱한 아줌마의 잘록한 허리, 자유와 성공의 열쇠, 재능을 잃어버린 오페라 가수의 공연 표, 잃어버린 도시로 가는 기차표, 사람들이 흘린 슬픔의 눈물 등 많은 것들이 있다. 그런데 다른 물건들은 곧잘 찾아가는데 눈물이 담긴 병은 아무도 찾으러 오지 않는다. 그래서 속상함에 눈물을 흘리던 릴리는 조수 오귀스탱과 눈물이 담긴 병을 흘려보내기 위해 바닷가를 찾는다. 덕분에 수위가 높아지자 사람들은 마음껏 수영을 즐길 수 있게 된다.

이 그림책은 사람들이 눈물의 중요성을 잘 모른다는 것, 눈물과 슬픔도 충분해지면 희망과 기쁨이 찾아올 수도 있다는 점을 상징적으로 보여준다. 따라서 7세션을 위해 이 그림책을 선정한 이유는 참여자들에게 눈물 흘리기를 통한 애도의 필요성을 알려드리기 위해서이다. 더불어 추후 산문선집인 『나는 천천히 울기 시작했다 / 강광석·공선옥 외 3명 공저 / 봄날의책 / 2013』도 읽어보실 것을 권하면 좋겠다.

3) 관련 활동

① **통곡의 벽**(Wailing Wall)

'통곡의 벽'은 AD 70년 로마인들에 의해 파괴된 예루살렘 제2성전 가운데 현존하는 유일한 유적지로, 터전을 잃은 유대인들이 유적으로 남은 이 벽에 모여 통곡을 하였다고 하여 이런 이름을 갖게 된 곳이다. 따라서 유대인들이 대단히 거룩하게 여기는 곳인데, 이 활동은 의미를 차용한 것으로 배우자를 먼저 떠나보낸 감정을 소리를 높여 슬프고 서럽게 울 수 있는 장을 제공하는 것이다. 따라서 프로그램실의 한쪽 벽면에 '통곡의 벽'이라는 제목을 크게 붙이거나 아니면 파티션을 따로 준비해 벽의 기능을 할 수 있도록 준비하면 되겠다. 더불어 울고 있는 참여자가 보이지 않도록 가림막을 설치해 드리는 것도 도움이 되겠다. 마지막으로 '통곡의 벽' 갈리진 틈에 편지를 넣으면 소원이 이루어진다는 믿음도 있다고 하니, 포스트잇에 짧은 메모를 써서 원하는 곳에 붙일 수 있도록 하는 방법도 활용해 볼 수 있겠다.

8세션

1) 세부목표 : 애도하기 2

지금은 보기 어려운 장면이 되었지만, 예전에는 죽은 사람을 매장하기 위해 장지까지 시신이 담긴 관을 운반할 때 상여(喪輿)라는 것을 사용했다. 상여는 길이와 꾸밈새의 무게에 따라 적을 때는 12명, 많을 때는 30명의 사람이 함께 운반했다고 하는데, 이들을 상여꾼이라고 칭했고, 상여를 운반하면서 고인을 저승으로 보내는 노래인 '상여소리'인 '향두가(香頭歌)'를 불렀다. 노래는 선창자인 요령잡이가 상여 앞에 서서 요령을 흔들며 선창하면, 상여를 멘 상여꾼들이 그 뒤를 이어받아 후렴구를 부르는 형태로 이어지는데, 지방마다 약간의 차이는 있지만 고인의 영혼을 위로하고 생전의 업덕을 높이 평가하는 등 한 사람의 인생사를 압축해 부른다는 측면에서 인생가적 요소도 있다. 상여소리의 종류로는 '전주 상여소리', '고창 상여소리', '강진 상여소리', '영월 상여소리', '해남 상여소리', '진도 자진 상여소리', '심청가 상여소리', '연평도 상여소리', '전주 상여소리', '용인 상여소리', '철원 상여소리', '논산 상여소리', '곡성 상여소리', '영풍 상여소리', '북제주 가래질소리' 등 다양하다.

2) 문학작품

노래 : 어느 60대 노부부 이야기 – 김광석 다시 부르기 1, 2 앨범 중 / 김목경 작사·작곡, 조동익 편곡, 김광석 노래 / NHN벅스 발매 / 2006

이 노래는 김목경 가수가 만들어 직접 불렀던 것을 김광석 가수가 다시 부르면서 널리 알려졌다가, 2020년도에는 TV-조선의 '미스터 트롯'이라는 경연 프로그램에서 임영웅 가수가 부르면서 또 한 번 주목을 받았기 때문에, 대부분의 사람들이 알고 있을 것이다.

가사는 부인과의 사별을 앞둔 남편이 과거를 회상하며 안녕히 잘 가시라는 인사를 건네는 내용으로, 잔잔하면서도 서정적인 멜로디가 더해져 심금을 울리는 특성이 있다.

따라서 이 곡은 노래를 듣거나 뮤직비디오로 보는 것도 좋겠다.

3) 관련 활동

① 개사하기

8세션을 위해 선택한 활동은 '개사하기'이다. 즉, '어느 60대 노부부 이야기'라는 노래의 가사를 자신들의 상황에 맞추어 개사해 보는 것이다. 이어서 완성이 되면 MR 반주에 맞추어 직접 불러보고, 추후 묘소에 가면 그곳에서도 불러드리라는 제안까지 해보자. 만약 다음 세션 이전에 다녀올 계획이라면, 그 뒷이야기를 들어보는 것도 좋겠다.

| 문학작품 8-1 |

어느 60대 노부부 이야기

- 김목경 작사·작곡, 조동익 편곡, 김광석 노래 -

곱고 희던 그 손으로
넥타이를 매어주던 때
어렴풋이 생각나오
여보 그때를 기억하오
막내아들 대학 시험
뜬 눈으로 지내던 밤들
어렴풋이 생각나오
여보 그때를 기억하오
세월은 그렇게 흘러
여기까지 왔는데
인생은 그렇게 흘러
황혼에 기우는데
큰 딸아이 결혼식 날
흘리던 눈물방울이
이제는 모두 말라
여보 그 눈물을 기억하오

세월이 흘러가네
흰 머리가 늘어가네
모두가 떠난다고
여보 내 손을 꼭 잡았소
세월은 그렇게 흘러
여기까지 왔는데
인생은 그렇게 흘러
황혼에 기우는데
다시 못 올 그 먼 길을
어찌 혼자가려하오
여기 날 홀로 두고
여보 왜 한마디 말이 없소
여보 안녕히 잘 가시게
여보 안녕히 잘 가시게
여보 안녕히 잘 가시게

『김광석 다시 부르기 1, 2 / NHN벅스 발매 / 2006』

9세션

1) 세부목표 : 나 위로하기

사람에게 받은 상처는 사람으로 치유가 된다고 하지만, 그 상처가 너무 크면 오히려 사람을 만나는 것이 힘들기 때문에 다른 대상을 찾을 수도 있다. 게다가 1인 가정이 증가하는 사회문화적 현상, 코로나-19와 같은 전염병의 확산으로 전국가적 위기로 사람 간 접촉이 제한된 상황에서는, 사람을 대체할 수 있는 다른 것들을 찾는 사람들이 더 많아질 수도 있다.

1999년도에 일본에서는 세계 최초의 애완용 강아지 로봇이었던 '아이보(Aibo)'가 개발되었다. 당시 이 강아지 로봇은 1대에 25만 엔(약 250만 원 정도)이었음에도 4세대 제품까지 총 100만 대 정도가 팔렸다고 한다. 물론 지금은 생산이 중단되었고 대대적인 장례식까지 치렀다고 하니 그 역할을 할 수 없겠지만, 그동안 많은 사람들에게 기쁨과 위로를 동시에 주지 않았을까 짐작해 본다.

그런데 2020년 11월도 이와 비슷한 일이 발생했다. 그 일은 다름 아닌 캐나다에 있는 마니토바대학교(University of Manitoba) 컴퓨터공학부에 다니는 학생 '다니카 패슬러 베이츠(Danika Passler Bates)'가 '스너글봇(SnuggleBot)'이라는 로봇을 개발한 것으로, '스너글봇'은 '껴안는 로봇'이라는 의미이다. 로봇 개발자인 다니카는 "스너글봇은 외로움, 그리고 그와 관련된 감정을 가지고 살아가는 일상의 사람들을 돕기 위해 고안된 껴안고 싶은 동반자 로봇이다. 기존의 동반자 로봇은 사용하지 않거나 임상 환경에서 사용되며 비용이 많이 들어 접근이 불가능하다. 따라서 우리는 실제로 사람들에게 도움이 될 수 있는 가장 간단한 로봇을 만들려 했다."고 말했다. 그래서 이 로봇은 뿔이 하나 달린 고래 모양을 하고 있으며, 사람의 관심이 필요할 때면 팔을 흔들고 포옹을 해주면 꼬리를 흔든다고 한다. 결국 아기처럼 돌봐줘야 하는 이 로봇은 가벼우면서 부드럽고 따뜻한 털로 덮여 있기 때문에, 안아주기 위해 접촉을 하는 노인들에게도 심리적인 안정감을 준다고 한다. '스너글봇(SnuggleBot)'에 대한 자세한 사항은 마니토바대학교의 HCI Lab 홈페이지[46]를 통해 확인할 수 있으며, 다음의 사진은 게시된 파일 내에 포함되어 있는 것을 옮겨놓은 것이다.

9세션의 세부목표는 '나 위로하기'이다. 분명 본 프로그램에 참여하고 계실 노인들에게도 자신을 위로할 수 있는 무엇인가가 있을 것이다. 그것이 자신을 포함한 어떤 사람이든, 동·식물이든, 인형이나 로봇이든 무엇이며 어떻게 해야 하는가를 알고 있다면 바로 실천하시도록 독려해 보자. 또한 아직 대상도 방법도 모르고 계시다면 빨리 찾을 수 있도록 도와드리자.

2) 문학작품

도서 : 내가 제일 잘 한 일은 / 변춘자 글·그림 / 책배여강 / 2017

변춘자 할머니는 1938년생으로 구남매 중 맏딸로 태어나 스무 살에 결혼을 하셨다

46) 캐나다 마니토바대학교 HCI Lab 홈페이지 http://hci.cs.umanitoba.ca/publications/details/snugglebot

고 한다. 남편은 오남매의 장남이라 갓 시집을 간 새색시는 60년 동안 맏며느리로 살아야 했는데, 지금은 만날 수 없는 남편과의 추억을 떠올려 이 그림책을 쓰셨다고 한다. 때문에 그림책의 내용은 시집을 온 뒤 어떻게 생활했는가에 대한 것들로 채워져 있는데, 남편은 군 의원을 3선하고 군 의장까지 하느라 바깥에서의 일들을 보느라 집에는 쌀이 있는지 가게가 어떻게 운영되는지에 대해서는 전혀 몰랐다고 한다. 게다가 할머니 자신도 그런 남편의 뒷바라지를 하느라 고생을 많이 하셨지만, 그럼에도 내가 제일 잘한 일은 우리 아저씨랑 살았던 거라고 말씀하신다.

9세션을 위해 이 그림책을 문학작품으로 선정한 이유는, 그림책의 저자인 변춘자 할머니의 이야기가 참여 노인들과 비슷한 점이 있을 거라는 생각이 들었기 때문이다. 따라서 만약 그렇다면 동일시가 잘 일어날 테고, 가정에는 무심했지만 그래도 자신의 선택에 후회가 없다는 생각으로 자조를 하며 할아버지를 그리워하는 모습에서는, 스스로를 위로하는 방법에 대한 통찰로 이어질 것이라 기대했다.

3) 관련 활동

① 내가 제일 잘 한 일 목록 적기

이 활동은 그동안 살아오면서 내가 제일 잘했다고 여기는 일들을 정리해 보는 것으로, 자기효능감과 자아존중감을 동시에 높임으로써 나를 위로하는 효과를 기하기 위한 것이다. 옛날에는 부모님이 맺어주신 짝이기 때문에 거부하지 못한 채 결혼을 했다가 평생을 불행하게 살았다고 생각하는 분들도 계시기 때문에, 변춘자 할머니처럼 배우자와의 만남이 제일 잘 했다고 생각하는 일에 포함되지 않을 수도 있다. 그럼에도 이 활동은 자신을 위로하는데 초점이 있기 때문에 오롯이 나에 집중하는 것이 중요하므로, 배우자에 대한 항목을 포함시키지 않았다면 왜 그럴 수밖에 없었는지에 대한 이유를 탐색하는 것이 바람직하겠다.

10세션

1) 세부목표 : 가족과 함께 나누기

먼저 시를 한 편 읽어보자.

눈 – 윤동주

지난밤에
눈이 소오복히 왔네
지붕이랑
길이랑 밭이랑
추워한다고
덮어주는 이불인가봐
그러기에
추운 겨울에만 내리지

『(증보판) 윤동주 전 시집 : 윤동주 100주년 기념, 하늘과 바람과 별과 시 /
윤동주 지음, 윤동주 100년 포럼 엮음 / 스타북스 / 2019』

10세션의 세부목표는 '가족과 함께 나누기'이다. 그런데 이 세션을 설명하려하자 문득 윤동주 시인의 '눈'이라는 시가 떠올랐다. 왜냐하면 길이랑 밭이 추울까봐 눈이 이불처럼 덮어주듯이, 가족의 흉허물과 상처, 고통을 덮어주고 어루만져 주는 것도 결국 가족이라고 생각했기 때문이다.

그러니 이번 세션에는 본 프로그램에 참여한 노인들이 가족과 함께 모든 것을 나누어 애도의 완성을 위한 또 하나의 단추를 잘 꿰실 수 있도록 도와드리면 좋겠다.

2) 문학작품

애니 : 노인들 / 이그나시오 페레라스 감독 / 페로 베르데 필름 제작 / 스페인 / 2011

이 애니메이션은 2008년도에 스페인 만화상을 수상한 작가 '파코 로카'의 원작 만화를 바탕으로 제작된 것으로, 늙은 자신을 돌보는 것을 힘들어 하는 아들 내외 때문에 양로원에 들어오게 된 에밀리오와, 기회가 있을 때마다 사람들의 돈을 받아내려고 하는 미구엘, 남의 말만 따라하는 라몬 등을 중심으로 이야기가 전개된다.

10세션을 위한 문학작품으로 이 애니메이션을 선정한 이유는, 이 작품이 노인들의 이야기인 것 같지만 범위를 넓혀 보자면 가족 전체의 이야기, 사람들 모두의 이야기도 될 수 있기 때문이다. 따라서 어쩌면 본 프로그램에 참여한 노인 중에는 이와 비슷한 일을 이미 겪었기에 아픔이 느껴질 수 있고, 또 다른 노인에게는 앞으로 겪어야 할 일이기 때문에 두려움을 줄 수도 있지만, 그 모든 과정을 가족과 함께 나눈다면 고통도 절반 이하가 될 거라는 점을 알려드리고 싶어서이다.

3) 관련 활동

① 가족들에게 영상 편지 쓰기

이 활동은 다음과 같은 순서로 진행하면 된다.

- ▶ 우선 사별한 배우자는 물론이고 함께 슬픔의 강을 건너고 있는 자녀 등의 가족들에게 편지를 쓴다.
- ▶ 각자 쓴 편지를 읽어보면서 어떤 생각과 감정이 들었는가에 대해 이야기 나눈다.
- ▶ 수정 보완할 기회를 주고, 완성된 편지는 각자 다시 한 번 읽어보게 한다.

▶ 스마트 폰 카메라를 활용해 쓴 편지를 낭독하는 장면을 녹화한다.

▶ 치료사는 녹화된 영상을 변환해 프로그램에 참여한 각 노인들에게 보내준다.

▶ 변환된 영상을 받은 노인들은 해당 영상을 가족들과 공유한다.

▶ 가족을 통해 서로가 나눈 이야기와 감정에 대해서는 11세션을 시작할 때 잠시 나눈다.

11세션

1) 세부목표 : 회복하기

'영국 최고의 심리치료사가 전하는 사별의 심리와 삶의 긍정을 되찾는 과정'이라는 부제목이 붙은 『사랑하는 사람의 죽음이 내게 알려준 것들 / 줄리아 새뮤얼 지음, 김세은 옮김 / 더퀘스트 / 2020』이라는 제목의 책이 있다. 이 책은 영국에서 가장 유명한 심리치료사이자 사별자를 전문으로 하는 치료사로 30년 가까이 활동을 한 저자가, 사별을 겪은 생존자들이 삶의 긍정을 되찾을 수 있도록 돕기 위한 방안을 담은 것으로, 그는 특히 부모와 사별한 아이들을 도운 공로로 2015년에 대영제국 훈장을 받았다고 한다. 저자는 책의 내용을 총 7장으로 나누어 배우자, 부모, 형제자매, 자녀와 사별을 했을 때의 측면과 더불어 자신의 죽음과 마주했을 때의 심리를 다루어준다. 나아가 스스로 마음의 힘을 키울 수 있는 여덟 가지의 기둥과 같은 방안을 제시하고, 버팀목이 될 수 있는 가족과 친구의 역할도 제안해 주고 있다.

결국 그가 이런 책을 출간한 것은 그만큼 사별의 아픔을 겪고 있는 사람들을 많이 만났기 때문에 가능했겠지만, 그보다 심리치료사의 한 사람으로서 보다 많은 사람들을 돕고 싶은 마음이 컸기 때문일 것이다. 따라서 애도 과정을 통해 사별에 대한 슬픔을 극복하고자 하는 분들에게 권하는 바이다.

2) 문학작품

도서 : 지구별에 온 손님 / 모디캐이 저스타인 글·그림, 신형건 옮김 / 보물창고 / 2014

과연 우리는 어디로부터 오는 것이고, 다시 어디로 가는 것인가? 과연 다시 태어날 수 있는 것이며, 그렇게 되려면 어떻게 해야 하는가? 아마 이 질문은 전 인류를 관통해 온 것임에 분명하다. 그럼에도 아직까지 정답을 아는 사람이 한 명도 없다는 것은 직접 경험을 통해서만 알 수 있기 때문이리라. 물론 다시 태어난다고 해도 전생을 기억할 수 있을지 모르겠지만.

이 그림책은 불교의 사상 중 윤회(輪廻)를 소재로 하고 있다. 윤회의 산스크리트어적 표현인 삼사라(saṃsāra)는 '함께 흘러간다', '삶과 죽음을 되풀이한다', '괴로운 생존을 되풀이한다' 등의 뜻으로 쓰이는데, 바퀴가 돌고 돌아 끝이 없듯이 중생들은 자신이 저지른 행위에 따라 3계와 6도(道)를 돌고 돌면서 삶과 죽음을 끊임없이 되풀이 한다는 뜻으로 주로 쓰인다. 즉, 중생은 해탈하기 전까지는 삶과 죽음을 되풀이하는데, 이때 받는 몸과 태어나는 곳은 자신의 행위에 따라 결정된다는 고대 인도인들 특유의 관념이다.

티베트 고원의 어느 작은 마을에 연날리기를 좋아하는 남자 아이가 태어난다. 그 아이는 밤하늘을 올려다보며 더 넓은 세상을 꿈꾸지만, 어른이 된 뒤로는 나무꾼이 되었고 결혼 후 가정을 꾸린 뒤에는 가족의 생계를 책임지느라 꿈을 이루지 못한 채 숨을 거둔다. 그런데 그에게 계속 선택을 하라는 음성이 들려오고, 대답을 하면서 그는 드디어 여러 은하계에서부터 지구의 여러 생명체, 대륙, 인종 등을 볼 수 있게 된다. 마침내 그의 선택이 끝났을 때, 그는 티베트 고원의 어느 작은 마을에 연날리기를 좋아하는 여자 아이로 다시 태어난 것으로 이야기는 끝을 맺는다.

혹자는 이 이야기가 불교의 사상에 따라 구성된 것은 알겠지만 결국 티베트 고원을 벗어나지 못한 채 성별만 바뀌어 태어난 점이 답답하고, 착하게 살았던 남성에게 너무 가혹한 처사가 아니냐고 항변한다. 반면 또 다른 사람은 티베트 고원이야말로 아름다우면서도 깨끗한 자연환경을 갖춘 곳이고, 경쟁과 스트레스 속에 살아가지 않아도 되는 곳이니 그보다 좋은 곳은 없을 거라고도 말한다.

여기서 다시 불교의 사상을 잠깐 살펴보자면, 중생들은 자신들이 지은 업(業)에 따라 여섯 가지 세계에 태어나고 죽는 것을 반복하게 되는데, 이것을 육도윤회(六道輪廻)라고 한다. 즉, 천상, 인간, 수라, 축생, 아귀, 지옥의 여섯 가지 세계로 수레바퀴가 돌아가듯이 계속 반복해서 태어나고 죽는다는 뜻이다. 이때 다음 생을 어디에서 어떤 모습으로 맞이할 것인가는 자신이 지은 업의 성질에 따라 천상이 되거나 지옥이 될 수도 있다는 것이다.

11세션을 위해 이 그림책을 문학작품으로 선정한 이유는, 프로그램에 참여하고 계신 노인들의 배우자는 이미 천상계(천국, 극락)로 가셨거나 다시 인간으로 태어나실 것이니, 이제는 내 몸과 마음을 보살펴 일상생활로 돌아가시라는 메시지를 전달하기 위해서이다. 그럼에도 만약 지은 죄가 많은 점을 걱정하는 분이 계시다면 여생동안 선업을 많이 쌓으실 것을 권하는 것도 좋겠다.

3) 관련 활동

① **회복 음식 포트럭 파티**(Portluck Party)

나이가 들면 회복 속도가 늦는다고 한다. 하지만 이는 신체생리학 적인 측면에만 해당되는 말일뿐, 오히려 인지정서적인 측면에서는 노인의 회복력이 젊은이들보다 훨씬 더 빠를 수 있다고 생각한다. 여기에 회복을 위한 본인의 의지, 무엇인가를 추구하는 열정이 더해진다면 아마 그 속도는 몇 배로 빨라질 수도 있을 것이다. 물론 회복을 빨리하는 것만큼 제대로 하는 것도 중요하지만.

11세션을 위해 선택한 활동은 '회복 음식 포트럭 파티'이다. 이 활동은 기존의 '포트럭 파티'를 응용하여, 각자가 생각할 때 슬프거나 우울할 때 혹은 몸이 아프거나 힘들 때 먹으면 회복에 도움이 될 거라고 생각하는 음식을 가져온다는 차이점이 있다. 그렇다고 해서 삼계탕처럼 거창한 음식을 준비해 와야 한다는 부담을 줄 필요는 없고, 초콜릿이나 방울토마토, 고구마나 감자와 같이 평소 본인이 즐겨 드시는 간편한 것들도 가능하다고 알려드릴 필요가 있다. 준비된 음식들은 가져오신 이유를 들어본 다음 모든 참여자들이 함께 나누어 드셔야 하기 때문에, 10세션이 끝난 뒤 미리 이야기 해드리고 11세션 당일에도 잊지 않고 챙겨 오시도록 한 번 더 문자 등의 방법으로 공지하는 것이 좋을 것이다.

12세션

1) 세부목표 : 성장하기

인간의 수명은 길어졌다. 오늘날은 과거 어느 때보다 인간의 수명이 더 길어졌다. 다시 말해서, 현대인들은 그들의 선조들보다 거의 두 배나 수명이 길어졌다. 그래서 우리는 노인이 즐겁게 살도록 도와주어야 할 책임이 있다는 것을 알아야 한다.

- 루이스 올

마지막 12세션의 세부목표는 성장하기이다. 여기서 '성장하기'의 의미는 무엇인가를 이루기 위해 노력을 한다는 것보다는, 배우자와의 사별을 수용하고 여생을 보다 건강하고 즐겁게 보내자는 의미에 가깝다. 비록 배우자와 백년해로(百年偕老)는 못하게 되었기에 아쉬울 수 있지만, 인명(人名)은 재천(在天)이라서 그 분은 하늘의 뜻에 따라 가시게 된 것이리라. 그러니 이제부터는 인명(人名)은 재아(在我), 즉 내가 어떻게 하느냐에 달려있다고 생각하며 더 행복해지기 위해 노력을 해보자는 것이다.

2) 문학작품

① 도서 : **천의 바람이 되어 / 아라이 만 글, 사타케 미호 그림, 노경실 옮김 / 새터 / 2005**

이 그림책의 원작인 시 '천의 바람이 되어'는 어디에 사는 누가 언제 쓴 것인지 정확히 알려져 있지 않지만, 1977년 영화감독 하워드 혹스의 장례식과 1987년 워싱턴에서 치러진 영화배우 마릴린 먼로의 25주기 추도식에서도 낭독이 되었다고 한다. 또한 미국의 세계무역센터 테러 사망자들을 추모하는 1주기 행사가 그라운드 제로에서 2002년에 열렸을 때에도 낭독되었기에, 전 세계 많은 사람들에게 알려졌다고 한다.

그렇다면 '천의 바람이 되어'라는 시는 이 그림책의 저자인 '아라이 만'과 어떻게 만나게 되었을까? 일본 국적의 작가인 '아라이 만'은 친구의 부인이 암으로 세상을 떠나자, 부인을 사랑하고 존경하는 사람들이 모여서 발간한 추모 문집을 통해 이 시를 발견했다고 한다. 그는 이 시를 노래로 만들면서 누군지 모를 지은이의 얼굴과 의도를 파악하고자 많은 노력을 기울였다고 하는데, 아마 그 덕분에 사람이 죽으면 먼저 바람이 되어 하늘을 떠돌다가 나무나 풀이나 짐승으로 다시 태어나는 등 영원히 죽지 않는다는 메시지가, 많은 사람들이 갖고 있는 죽음에 대한 막연한 두려움을 해소시켜 주면서 여생을 조금 더 열심히 살아갈 수 있게 해주는 것 같다.

② 노래 : 천개의 바람이 되어 - The Last Confession 앨범 중 / 원곡 미상, 작사 미상, 작곡 아라이 만, 번안·개사·노래 임형주 / Universal Music 발매 / 2016

앞서 소개한 그림책 '천의 바람이 되어'의 작가인 '아라이 만'이 만든 노래를 번안 및 개사해서 팝페라 가수인 임형주 씨가 부른 것이다. 같은 맥락의 곡이어서 함께 들어보고자 선정했다. 노래 가사는 〈문학작품 12-1〉에 옮겨 담았다.

3) 관련 활동

① 작별의 노래 및 희망의 노래 부르기

마지막 12세션을 위해 선택한 활동은 노래 부르기이다. 이때 '작별의 노래'는 애도 과정을 무사히 끝냈기 때문에 고인과의 작별을 뜻하기도 하고, 프로그램의 마지막 시간이기도 하기 때문에 치료사 및 그동안 함께 참여했던 참여자들과의 작별을 의미하기도 한다. 더불어 '희망의 노래'는 밝고 씩씩하며 건강하고 행복하게 살아갈 본인을 위한 곡을 부르는 것으로, 선곡은 본인의 선택에 맡기면 되겠다.

② 참여 소감 나누기

| 문학작품 12-1 |

천개의 바람이 되어

- 원곡 미상, 작사 미상, 작곡 아라이 만, 번안·개사·노래 임형주 -

나의 사진 앞에서 울지 마요
나는 그곳에 없어요
나는 잠들어 있지 않아요
제발 날 위해 울지 말아요
나는 천개의 바람
천개의 바람이 되었죠
저 넓은 하늘 위를
자유롭게 날고 있죠

가을엔 곡식들을 비추는
따사로운 빛이 될게요
겨울엔 다이아몬드처럼
반짝이는 눈이 될게요
아침엔 종달새 되어
잠든 당신을 깨워 줄게요
밤에는 어둠 속에 별 되어
당신을 지켜 줄게요

나의 사진 앞에 서 있는 그대
제발 눈물을 멈춰요
나는 그곳에 있지 않아요
죽었다고 생각 말아요
나는 천개의 바람
천개의 바람이 되었죠
저 넓은 하늘 위를
자유롭게 날고 있죠
나는 천개의 바람
천개의 바람이 되었죠
저 넓은 하늘 위를
자유롭게 날고 있죠
저 넓은 하늘 위를
자유롭게 날고 있죠

『The Last Confession - 마지막 고해 / Universal Music 발매 / 2016』

나가기

이 한 권의 책을 완성하기까지 오랜 시간이 걸렸다. 야심차게 '주제별 독서치료 시리즈'를 시작해야겠다는 생각을 한 뒤, 가정 먼저 '애도'라는 주제를 떠올렸고 곧 이어 목차까지 구성을 마친 시점이 2019년이었는데, 2020년 12월 말에 완성해서 2021년에야 출간을 하게 되었으니 햇수로만 3년이 지난 셈이다. 이 게으름의 원인은 무엇이었을까? 여러 상황이 중첩된 결과였으리라 합리화를 해보지만, 무엇보다 나 자신도 죽음에 대해 잘 몰랐기 때문이었을 것이다. 물론 아버지, 조카 등 가족의 죽음을 가까이에서 지켜보기도 했고, 친척이나 친구, 동료 등이 상주인 장례식에도 여러 차례 참석을 했지만, 여전히 직접 경험해 보기 전에는 알 수 없는 부분들이 많은 것이 사실이지 않은가.

그래서 우선 애도에 관한 단행본과 논문 고찰부터 시작했고, 이 과정을 통해 이론적 배경과 세부목표를 도출하였다. 이어서 문학작품 선정을 위해 죽음을 주제로 다룬 그림책들을 두루 살펴보았다. 그 가운데 180권에 대한 서지사항을 정리하면서 이것들을 프로그램에 어떻게 적용할 것인가에 대한 고민을 했다. 독서치료에서 활용하는 문학작품은 인쇄자료부터 영상자료, 음악자료, 실물자료 등으로 다양하지만, 인쇄자료 중에서도 그림책이 차지하는 비중이 가장 크기 때문에, 어쩌면 이는 당연한 수순이었다고 할 수 있다. 마지막으로 관련 활동까지 선택해 프로그램 계획서를 완성했는데, 이로써 실제 프로그램을 운영할 수 있는 준비이자 책의 내용을 기술할 수 있는 준비를 동시에 마치는데 총 3년이 걸린 것이다.

이런 과정을 거쳐 드디어 여러분들에게 선보이게 되었으니 뿌듯함이 크지만, 그럼에도 책을 쓰는 내내 떨쳐내지 못하고 끝내 안고 있었던 아쉬움 중 한 가지는, 사별은 사람이 살면서 반드시 한 번 이상은 겪게 되는 보편적 경험임에도 그에 따른 신체적·정신적 고통을 덜어주는 '사별애도전문상담사'를 국내에서는 찾기가 어렵다는 것이었다. 물론 국내에도 워낙 유능한 상담치료전문가들이 많이 계시기 때문에 해당 어려움을 갖고 있는 대상자들이 찾아가서 호소만 하면 충분한 도움을 주실 테고, 아직 '사별애도상담'이라는 개념이 일반인들에게 형성되어 있지 않기 때문에 필요로 하는 사람들의 수요도 적어서일 것이다. 하지만 사건·사고 발생률의 증가, 완치되지 않는 질병, 그 밖의 여러 이유 등으로 갑작스럽게 사별을 하는 사람의 숫자는 지속적으로 증가할 가능성이 높기 때문에, 이 분야의 전문가들을 많이 양성하고 그들이 활동하고 있다는 점도 적극적으로 알려서 필요한 사람들이 제때에 알맞은 도움을 받아 건강하고 행복하게 생활했으면 좋겠다. 물론 그 덕분에 사별에 따른 애도 과정을 독서치료를 통해 도울 수 있는 매뉴얼과 같은 이 책도 많이 팔린다면 더욱 좋겠고.

마지막으로 이제 첫 발을 내디딘 '주제별 독서치료 시리즈'가 계속 이어져 많은 주제를 다룰 수 있었으면 좋겠다. 다행히 2권과 3권의 주제와 공동 집필진들이 구성되어 있기 때문에 이 책을 끝내자마자 다음 원고 작업을 시작해야 하지만, 그럼에도 독서치료 분야의 발전을 위해 지속적으로 무엇인가를 하고 있는 것 같아 안심이 된다. 그리고 혼자 나아갔으면 외롭고 두려웠을 길에 동반자가 되어주는 분들이 계시다는 점에 감사함도 느낀다.

- 어제보다 더 늙었기에 죽음에 한 발 가까워지며

주제별 독서치료 시리즈 1 – 애도

애도를 위한 독서치료

초판1쇄 2021년 01월 24일
초판2쇄 2021년 12월 13일
저 자 임 성 관
발 행 인 권 호 순
발 행 처 시간의물레
등 록 2004년 6월 5일
주 소 서울시 은평구 증산로17길 31, 401호
전 화 02-3273-3867
팩 스 02-3273-3868
전자우편 timeofr@naver.com
블 로 그 http://blog.naver.com/mulretime
홈페이지 http://www.mulretime.com
I S B N 978-89-6511-347-8 (93020)
정 가 15,000원